प्रैक्टिकल मैनुअल

(एन.आई.ओ.एस.-449, 450, 451)

जन स्वास्थ्य में प्रमाणपत्र पाठ्यक्रम हेतु

NIOS द्वारा प्रमाणित स्वास्थ्य कार्यकर्त्ताओं के लिए प्रशिक्षण कार्यक्रम

गुल्लीबाबा पब्लिशिंग हाउस प्रा. लि.

आई.एस.ओ. 9001 एवं आई.एस.ओ. 14001 प्रमाणित कं.

Published by:

GullyBaba Publishing House Pvt. Ltd.

Regd. Office:
2525/193, 1st Floor, Onkar Nagar-A,
Tri Nagar, Delhi-110035
(From Kanhaiya Nagar Metro Station Towards Old Bus Stand)
Call: 9991112299, 9312235086
WhatsApp: 9350849407

Branch Office:
1A/2A, 20, Hari Sadan,
Ansari Road, Daryaganj,
New Delhi-110002
Ph.011-45794768
Call & WhatsApp:
8130521616,8130511234

E-mail: hello@gullybaba.com, **Website**:GullyBaba.com

New Edition

ISBN: 978-93-88149-64-8

Author: Gullybaba.com Panel

Disclaimer: Although the author and publisher have made every effort to ensure that the information in this book is correct, the author and publisher do not assume and hereby disclaim any liability to any party for any loss, damage, or disruption caused by errors or omissions, whether such errors or omissions result from negligence, accident, or any other cause.

If you find any kind of error, please let us know and get reward and or the new book free of cost.

The book is based on IGNOU syllabus. This is only a sample. The book/author/publisher does not impose any guarantee or claim for full marks or to be passed in exam. You are advised only to understand the contents with the help of this book and answer in your words.

All disputes with respect to this publication shall be subject to the jurisdiction of the Courts, Tribunals and Forums of New Delhi, India only.

जन स्वास्थ्य शरीर विज्ञान का एक महत्त्वपूर्ण पक्ष है। किसी भी वैज्ञानिक विषय की जानकारी तब तक पूर्ण नहीं मानी जा सकती जब तक उसके सैद्धांतिक पक्ष के साथ-साथ उसकी प्रयोगपरक (प्रैक्टिकल) जानकारी भी उपलब्ध न करा दी जाए। जन स्वास्थ्य का विषय भी इसका अपवाद नहीं हो सकता। जन स्वास्थ्य से जुड़े किसी भी एक पहलू यथा–दाँतों की सफाई की बात तब तक पूर्ण नहीं मानी जा सकती जब तक कि इससे जुड़ी व्यावहारिक जानकारियाँ प्रयोग के रूप में पाठक अथवा दर्शक के सम्मुख प्रस्तुत न कर दी जाएँ। जैसे कि दाँतों में ब्रश कितनी बार करना चाहिए, कितने समय तक करना चाहिए, ब्रश को मसूढ़ों के सामने कितने डिग्री कोण पर रखना चाहिए, ब्रश को कितने दिनों बाद बदला जाना चाहिए आदि।

जी.पी.एच. की पुस्तक **"प्रैक्टिकल मैनुअल (एन.आई.ओ.एस.-449, 450, 451)"** इसी आवश्यकता को दृष्टि में रखकर तैयार की गई है। इसमें जन स्वास्थ्य से जुड़े विविध विषयों पर प्रयोगपरक (प्रैक्टिकल) जानकारी प्रदान की गई है।

प्रस्तुत पुस्तक की विषय-सामग्री के विस्तृत एवं जटिल उपबंधों को तर्कपूर्ण एवं संप्रभावी ढंग से संक्षेप में प्रस्तुत किया गया है। पुस्तक की भाषा उपयुक्त, सरल एवं प्रवाहपूर्ण रखने का प्रयत्न किया गया है।

आगामी संस्करण में आपके सुझावों को यथास्थान साभार सम्मिलित किया जाएगा। अत: अपने सुझाव नि:संकोच हमें हमारी **Email : feedback@gullybaba.com** पर या सीधे प्रकाशन के पते पर लिखें और हमें अपने सुझावों से अनुग्रहित करें।

प्रकाशक (GPH) अपने कार्यरत सहायकों व लेखकों का सहृदय आभार प्रकट करता है, जिनके सहयोग और प्रयासों के कारण ही इस पुस्तक का प्रकाशन संभव हो पाया है।

हम आपकी सफलता की कामना करते हैं।

विषय-सूची

प्रैक्टिकल मैनुअल भाग 1

खंड 'क'

खंड 'ख'

खंड 'ग'

प्रैक्टिकल मैनुअल भाग 2

प्रैक्टिकल मैनुअल भाग 3

प्रैक्टिकल मैनुअल
भाग 1

खंड 'क'

श्वसन तंत्र

उद्देश्य–श्वसन तंत्र के विभिन्न अंगों को पहचानना तथा उसकी कार्यप्रणाली को समझना।

आवश्यक सामग्री– श्वसन तंत्र को दर्शाने वाला चार्ट।

श्वसन तंत्र का क्ले मॉडल (clay model)।

श्वसन तंत्र के एक क्ले मॉडल में नीचे सूचीबद्ध विभिन्न अंगों की पहचान कीजिए–

(1) नाक

(2) ग्रसनी (फैरिंक्स)

(3) कंठच्छद (एपिक्लॉटिस)

(4) कंठ/घोषित्र (लैरिंग्स)

(5) श्वासनली (ट्रेकिया)

(6) श्वसनी (ब्रोंकाई)

(7) श्वासनलिकाएँ (ब्रोंक्योल्स) प्राथमिक, गौण तथा टरशरी

(8) परिकोष्ठ (एट्रिया)

(9) कूपिका (एल्वीयोलस)

(10) फेफड़े (लंग्स)

श्वसन तंत्र (संस्थान) में विभिन्न अंग अपना महत्त्वपूर्ण कार्य करते हैं जिनका वर्णन नीचे दिया गया है–

(1) नाक–नाक (Nose) श्वसन संस्थान का एक विशेष अंग होती है, जो सूँघने में हमारी सहायता करती है। श्वसन क्रिया में यह बहुत महत्त्वपूर्ण भूमिका निभाती है। इसके दो भाग होते हैं–

(क) बाहरी कवच–यह अस्थियों तथा कार्टिलेज का बना हुआ तिकोना फ्रेम होता है। त्वचा इसको ऊपर से ढके हुए होती है। नाक के अंदर की तरफ दो नथुने होते हैं।

(ख) **आंतरिक गुहिकाएँ**–ये दोनों गुहिकाएँ दो भागों में बँटी होती हैं। प्रत्येक गुहिका में छोटे-छोटे बहुत से बाल होते हैं, जिन्हें हम कोर्स हेयर (Coarse Hair) कहते हैं। ये बाल एक फिल्टर का कार्य करते हैं अर्थात् जो ऑक्सीजन हम अंदर ले जाते हैं उसको ये छानकर आगे भेजते हैं जिससे धूल के कण अंदर नहीं जा पाते।

(2) ग्रसनी (कंठ)–नाक के पीछे ग्रसनिका होती है। यह एक माँसपेशीय नली होती है जो खोपड़ी के आधार से लेकर ग्रास नली के वलयाकार उपास्थि (Cricoid Cartilage) स्तर तक लंबी होती है। मध्य कान से दो नलिकाएँ ग्रसनी (Pharynx) (दोनों ओर एक-एक) में प्रवेश करती हैं तथा इन्हें यूस्टेशियन नलिकाएँ (Eustachian Tubes) कहते हैं।

(3) कंठच्छद–कंठच्छद (Epiglottis) एक फ्लैप है जो पानी या भोजन को निगलने के पश्चात् बंद हो जाता है। यह श्वासनली को ढके रहता है जो कि फेफड़ों तक जाती है और इस प्रकार पानी व भोजन को फेफड़ों में जाने से बचाया जाता है।

(4) कंठ–फैरिंक्स के बाद वायु लैरिंक्स में से गुजरती है। यह कार्टिलेज का बना होता है। इसमें दो जोड़े झिल्लियाँ होती हैं। ये वायु स्वर यंत्रों में कंपन पैदा करती हैं, जिससे आवाज उत्पन्न होती है।

(5) श्वासनली–यह एक बेलनाकार नली होती है। इसकी लंबाई 11.2 से.मी. होती है तथा इसका व्यास 2 से 2.5 से.मी. होता है। यह ग्रास नली के सामने होती है। इसके बाद यह दो वायु नलियों में बँट जाती हैं। प्रत्येक नली का संबंध अपनी-अपनी तरफ के फेफड़े से होता है। श्वासनली (Trachea) की दीवारें पारदर्शी उपास्थि से बनी होती हैं। श्वासनली के मुँह पर एक वाल्व होता है, जिसे उपकंठ (कंठच्छद) (Epiglottis) कहते हैं। यह वाल्व भोजन को वायुनली में जाने से रोकता है।

(6) श्वसनियाँ–ये दो नलियाँ हैं–दायीं श्वसनी (bronchus) तथा बायीं श्वसनी, दोनों वायुनलियाँ श्वास नली से थोड़ा अलग होती हैं। दाईं ओर की वायु नली बाईं ओर की वायु नली की अपेक्षा थोड़ी छोटी, चौड़ी और सीधी होती है। ये दाएँ और बाएँ फेफड़े तक पहुँचती हैं। उसके बाद पेड़ की शाखाओं के समान बहुत-सी छोटी-छोटी शाखाओं में बँट जाती हैं जिन्हें हम प्राथमिक, द्वितीयक तथा तृतीयक श्वसनी (शाखाएँ) तथा श्वसनिकाएँ कहते हैं।

(7) श्वसनिकाएँ–यह प्रत्येक श्वसनी की लघुतम शाखाएँ हैं।

(8) परिकोष्ठ–त्रितीयक श्वसनियों में अंतिम भाग को परिकोष्ठ (Atria) कहते हैं।

(9) कूपिका–ये गुब्बारे के आकार का अंतिम भाग है, जो अंगूरों के गुच्छे के समान होती हैं और इन्हें कूपिका (Alveolus) कहते हैं तथा शल्की उपकला की एकल परत में रेखित होती है और कोशिकाओं के जाल से आवरित होती है। इस स्तर पर गैसों का अंतरबदल (exchange) होता है अर्थात् रक्त में ऑक्सीजन आमेलित होती है तथा कूपिका में कोशिकाओं में रक्त द्वारा कार्बन डाइऑक्साइड छोड़ी जाती है।

(10) फेफड़े–मानव शरीर में दो फेफड़े (Lungs) होते हैं। श्वास-प्रक्रिया में इन अंगों का महत्त्वपूर्ण योगदान होता है। ये अंग शंकु की शक्ल के होते हैं। जिनका पतला भाग ऊपर की तरफ होता है। फेफड़े का आधार वक्ष गुहा (Thoracic Cavity) तथा डायाफ्राम पर होता

है। फेफड़े गड्ढों के द्वारा पालि (Lobes) में बँटे होते हैं। प्रत्येक पालि (Lobe) बहुत से लोब्यूल (Lobules) से बनी होती है। एक छोटी ब्रोन्कियल ट्यूब (Bronchial Tube) प्रत्येक लोब्यूल (Lobule) में प्रवेश करती है। यह आगे कई भागों में विभक्त तथा पुनः विभक्त होती जाती है और इसकी दीवारें भी बहुत पतली होती जाती हैं जब तक ये वायु कोष्ठिका (Air Sacs of Alveoles) तक नहीं पहुँच जाती। प्रत्येक मिनट में हम 18-20 बार श्वास लेते हैं। उच्च ज्वर, भारी व्यायाम के दौरान या कम ऑक्सीजन वाले वातावरण में श्वसन की दर बढ़ जाती है।

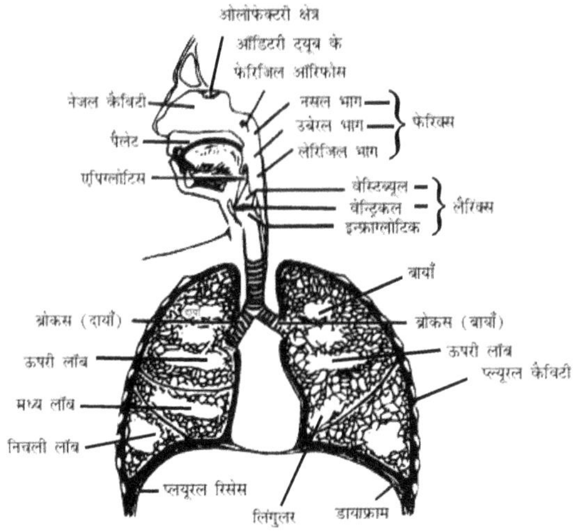

चित्र 1.1: श्वसन तंत्र

सावधानियाँ

(1) मॉडल एवं चार्ट पर कुछ नहीं लिखते हैं व उन्हें सावधानी से प्रयोग करते हैं।

(2) अभ्यास के समय श्वसन संबंधी सभी अंगों की स्थिति व कार्यप्रणाली को ध्यान से समझते हैं।

(3) मॉडल व चार्ट को प्रयोग एवं परीक्षण के पश्चात् पुनः उचित स्थान पर रख देते हैं।

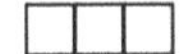

Feedback is the breakfast of Champions.

Ken Blanchard

You can Help other students.

"Inform any error or mistake in this book."

We and Universe

will reward you for Your Kind act.

Email at : feedback@gullybaba.com

or

WhatsApp on 9350849407

पाचन तंत्र

उद्देश्य—पाचन तंत्र में शामिल विभिन्न अंगों को पहचानना तथा उनकी कार्यप्रणाली को समझना।

आवश्यक सामग्री—पाचन तंत्र को दर्शाता एक चार्ट, पाचन तंत्र के विभिन्न अंगों का क्ले मॉडल।

पाचन तंत्र—भोजन के जटिल पोषक पदार्थों व बड़े अणुओं को विभिन्न रासायनिक क्रियाओं और एंजाइम की सहायता से सरल, छोटे व घुलनशील अणुओं में बदलना पाचन (Digestion) कहलाता है तथा जो तंत्र यह कार्य करता है, पाचन तंत्र कहलाता है। पाचन तंत्र पोषक तत्त्वों को अवशोषित करता है, जिनका प्रयोग प्रत्येक कोशिका द्वारा किया जा सकता है। शरीर की कोशिकाएँ (cells) खाए गए भोजन से पोषक तत्त्वों को अवशोषित नहीं कर सकती हैं। भोजन को पदार्थ (Substance) में परिवर्तित होना होता है जिसे कोशिका ग्रहण करती है। पाचन की इस प्रक्रिया के पश्चात् पोषक तत्त्व (nutrients) रक्त सरिता में प्रवाहित होते हैं। आंत्र से रक्त में पोषक तत्त्वों के इस स्थानांतरण को अवशोषण कहते हैं। अतः पाचक प्रणाली के दो प्रमुख कार्य पाचन तथा अवशोषण हैं।

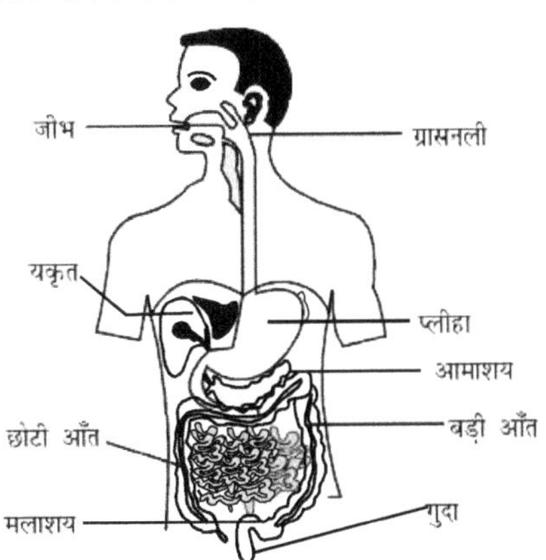

चित्र 2.1: पाचन तंत्र

पाचक प्रणाली को अति लंबी पेशीय नली के रूप में देखा जा सकता है जो मुख से आरंभ होकर गुदा (anus) पर समाप्त होती है। इस नली को आहार नाल (Alimentary canal) कहते हैं तथा यह कई भागों से बनी होती है, जो कि निम्नलिखित हैं–

(1) **मुँह**–भोजन मुँह से आहार नली में प्रवेश करता है। इस नली में भोजन के प्रवेश करते यांत्रिकीय विघटन (मुँह द्वारा चबाने, मसलने और घिसने) द्वारा पाचक प्रक्रिया आरंभ हो जाती है। हमारे मुँह में मौजूद लार ग्रंथि, लार (एक स्राव) उत्पन्न करती है जो भोजन को घुलनशील करती है तथा भोजन को चबाने निगलने और पचाने में मदद करती है। आहार नाल की भीतरी परत म्यूकस को स्रावित करती है जो विलयित भोजन को नीचे की ओर संचालित करने में सहायक होता है।

(2) **ग्रसनी**–मुख गुहा के पीछे ग्रसनी (कंठ) होती है जो कि भोजन का एक मार्ग है।

(3) **कंठच्छ**–कंठच्छ एक फ्लेप है जो शरीर में भोजन या पानी के प्रवेश के पश्चात् श्वासनली को आवरित कर लेता है। श्वासनली को आवरित करने से भोजन व पानी को, वायुनली में प्रवेश करने से रोका जा सकता है।

(4) **ग्रासनली**–यह ग्रसनी से भोजन प्राप्त करती है। भोजन ग्रासनली से होकर लहर समान संचलन से गुजरता है जिसे पैरिस्टेल्सिस (Peristalsis) कहते हैं। उदर, आहार नाल का एक व्यापक भाग ग्रासनली से भोजन व पानी प्राप्त करता है। उदर भोजन को तब तक रोके रखता है जब तक पाचक द्रव्य रासायनिक रूप से भोजन के कणों को काइम में भंजित नहीं कर देते। काइम भोजन तथा पाचक जूसों का क्रीमी अर्धद्रव्य मिश्रण है।

(5) **जठरनिर्गम अवरोधिनी**–यह उदर के कोने पर स्थित एक वलय समान पेशी है। इसका मुख्य कार्य उदर में भोजन को तब तक स्थिर रखना है जब तक वह काइम में परिवर्तित न हो जाए। जठरनिर्गम अवरोधिनी (Pyloric Sphincter) पर उदर में छोटी आँत संलग्न होती है। यह लगभग 27 फुट लंबी होती है। छोटी आँत के प्रथम भाग को ग्रहणी (Duodenum) कहते हैं जो लगभग 10 से 12 इंच लंबी होती है। ग्रहणी यकृत, अग्नाश्य तथा मूत्राशय से रस प्राप्त करती है जो पाचन में सहायक होता है तथा आगे काइम का रासायनिक रूप से भंजन करता है। काइम के अंतिम रासायनिक भंजन से पाचन की प्रक्रिया पूरी हो जाती है।

(6) **छोटी आँत**–छोटी आँत (Small Intestine) एक कुंडलित नली है, जो आमाशय के दाहिने छोर अर्थात् पक्वाशयिक द्वार से बड़ी आँत के प्रारंभिक भाग, जहाँ इलिओ-सीकल वाल्व होता है तक फैली रहती है। इसकी लंबाई लगभग 6.5 मीटर और चौड़ाई 2.5 से.मी. होती है। छोटी आँत उदर (Abdomen) के नाभि प्रदेश (Umbilical Region) में स्थित होती है तथा बड़ी आँत से घिरी रहती है। यह आहार नली का अंश है जहाँ अधिकतम अवशोषण कार्य पूरा होता है। छोटी आँत की आंतरिक सतह में विल्ली नामक अनेक प्रक्षेपण होते हैं। प्रत्येक विल्लस में कोशिकाएँ होती हैं जो खाए गए भोजन से पोषक तत्त्व अवशोषित करती है। वे भोजन तत्त्व जो अवशोषित नहीं होते हैं, वे पेरिस्टिलेसिस प्रक्रिया द्वारा छोटी आँत से बड़ी आँत में प्रवेशित होते हैं।

(7) **बड़ी आँत**–बड़ी आँत प्राचन प्रणाली का अंतिम भाग है, जो इलियम के अंत से गुदा तक विस्तृत है। बड़ी आँत, छोटी आँत के साथ मिली होती है तथा शेष अवशोषित भोजन को प्राप्त करती है जिसका शरीर के लिए कोई महत्त्व नहीं होता। बड़ी आँत में पानी, मिनरल

तथा विटामिन अवशोषित होते हैं। यह म्यूकस को स्रावित करती है जो बड़ी आँत के माध्यम से मल के संचलन में सहायक होता है।

(8) आहारनाल–आहारनाल में अंत में 6 से 8 इंच का मलाशय (Rectum) होता है। यह मल को जमा करता है। गुदा आहारनाल का अंतिम भाग है। यहाँ से मल शरीर से बाहर निकल जाता है।

सावधानियाँ

(1) मॉडल व चार्ट पर कुछ नहीं लिखते हैं।

(2) क्ले मॉडल व चार्ट का प्रयोग करते समय उचित सावधानी रखते हैं जिससे वे खराब न हों।

(3) मॉडल व चार्ट को उपयोग करने के बाद उचित स्थान पर रख देते हैं।

परिसंचरण तंत्र

उद्देश्य–परिसंचरण प्रणाली (Circulatory System) में शामिल विभिन्न अंगों को पहचानना तथा उनकी कार्यप्रणाली को समझना।

आवश्यक सामग्री– (1) हृदय का क्ले मॉडल।

(2) हृदय के कक्षों को दर्शाता चार्ट।

(3) परिसंचरण तंत्र को दर्शाता चार्ट।

विधि–परिसंचरण तंत्र के क्ले मॉडल की मदद से विभिन्न अंगों की पहचान व उनकी कार्यप्रणाली की जानकारी प्राप्त करना।

हृदय-संवहन तंत्र (परिसंचरण तंत्र)–मानव में पदार्थों का अभिगमन हृदय-संवहन तंत्र (परिसंचरण तंत्र) (Circulatory System) द्वारा होता है। मनुष्य के परिसंचरण तंत्र में निम्नलिखित अंग होते हैं।

(1) परिसंचरित तरल – रक्त (रुधिर)

(2) रक्त वाहिकाएँ (रुधिर वाहिकाएँ) (Blood Vessels) जो नली के समान संरचनाएँ होती हैं और हृदय से जुड़ी होती हैं।

(3) केंद्र में स्थिति पेशीय पंप जिसे हृदय (Heart) कहते हैं।

हृदय–हृदय की उत्पत्ति मध्यजन स्तर (मीसोडर्म) से होती है तथा यह दोनों फेफड़ों के मध्य, वक्ष (छाती) गुहा में स्थित रहता है, यह थोड़ा सा बाईं तरफ झुका रहता है। यह बंद मुट्ठी के आकार का होता है। यह एक दोहरी भित्ति के झिल्लीमय थैली, हृदयावरणी द्वारा सुरक्षित होता है जिसमें हृदयावरणी द्रव पाया जाता है। यह द्रव्य स्नेहक के रूप में कार्य करता है।

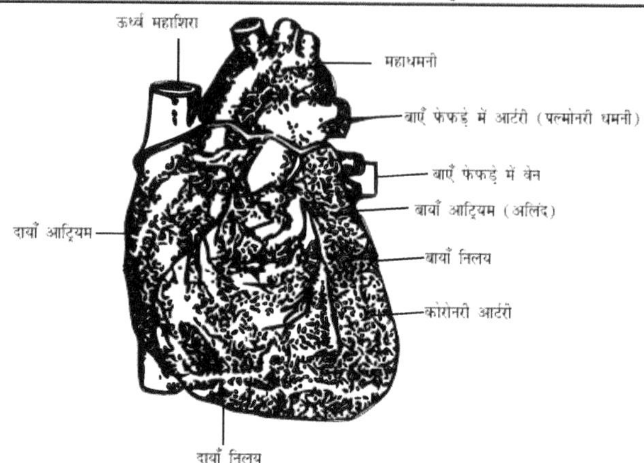

चित्र 3.1: प्रमुख रक्त वाहिकाओं के साथ हृदय

हृदय में चार कक्ष होते हैं यथा दायाँ आट्रियम, दायाँ निलय, बायाँ आट्रियम तथा बायाँ निलय। ऊर्ध्व महाशिरा तथा अधोमहाशिरा नामक दो बड़ी शिराओं द्वारा दाएँ आट्रियम में वीनस रक्त प्रवेश करता है। रक्त दाएँ अलिंदनिलय वाल्व (त्रिवलन वाल्व) के माध्यम से दाएँ आट्रियम से दाएँ निलय में प्रवेश करता है। दाएँ निलय से रक्त फुफ्फुस शिराओं के मार्ग द्वारा बाएँ आट्रियम में प्रवेश करता है। रक्त के हृदय से फेफड़ों तक जाने तथा पुनः हृदय में जाने की इस यात्रा को फुफ्फुसीय परिसंचरण कहते हैं। बाएँ आट्रियम से रक्त बाएँ अलिंदनिलय वाल्व (द्विवलनी वाल्व) के मार्ग द्वारा बाएँ निलय में प्रवेश करता है। यहाँ रक्त ऑर्टिक वाल्व (Aortic Valve) के माध्यम से महाधमनी में प्रवेश करता है तथा महाधमनी से होकर इसकी विभिन्न शाखाओं द्वारा शरीर के सभी भागों में संचरित (circulated) होता है। इस संपूर्ण प्रक्रिया को हृदयी चक्र (cardiac cycle) कहते हैं।

एक सामान्य या स्वस्थ मनुष्य का हृदय विश्राम की अवस्था में औसतन 1 मिनट में 72 बार धड़कता (स्पंदन) है। रेडियल धमनी के स्पंदन के कारण हृदय स्पंद कलाई में महसूस किया जाता है। व्यायाम के पश्चात् तथा उच्च जवर के दौरान हृदय स्पंदन बढ़ जाता है। हृदय प्रति धड़कन 200 मि.ली. रक्त पंप करता है यथा प्रति मिनट 16 लीटर। महाधमनी से दो शाखाएँ यथा बाईं व दाईं किरीट धमनियाँ हृदय को रक्त की आपूर्ति करती हैं। इन धमनियों में अवरोध के कारण दिल का दौरा पड़ता है।

हृदय के कार्य

(1) यह धमनीय तंत्र में ऑक्सीजनीकृत रक्त को पंप करता है, जहाँ से यह केशिकाओं से लेकर ऊतकों तक की आपूर्ति के लिए जाता है।

(2) वीनस तंत्र से डी-ऑक्सीजनीकृत रक्त को एकत्र करता है।

(3) तत्पश्चात् पुनः ऑक्सीजनीकरण के लिए यह रक्त को फेफड़ों में पंप करता है।

दायाँ आट्रियम
त्रिवलय के माध्यम से
दायाँ निलय
फुफ्फुस धमनी
फेफड़े
कूपिका (Alveoli) (ऑक्सीजन व कार्बन डाइऑक्साइड का विनिमय)
बाहरी श्वसन (External Respiration)
फुफ्फुस शिरा (Pulmonary Veins)
बायाँ आट्रियम (Left Atrium)
द्विकर्पद वाल्व (Mitral Valve)
बायाँ आट्रियम (Left Atrium)
महाधमनी (Aorta)
शरीर (body)
धमनियां (Arteries)
धमनिकाएँ (Arterioles)
केशिकाएँ (Capillaries)
कोशिकाएँ/ऊतक (ऑक्सीजन तथा कार्बन डाइऑक्साइड विनिमय)

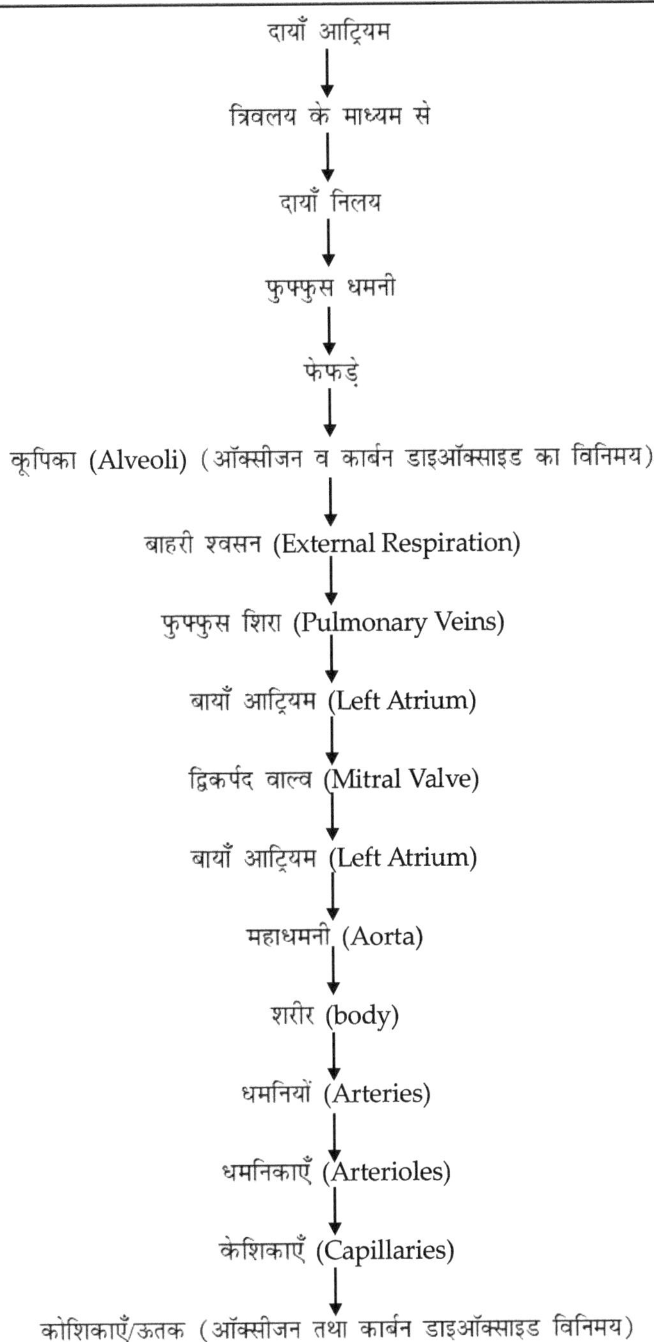

Contd...

Contd...

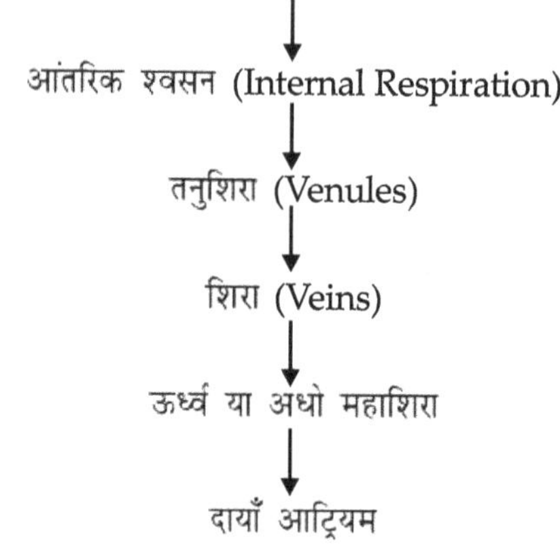

चित्र 3.2: शरीर में रक्त के प्रवाह को दर्शाता चार्ट

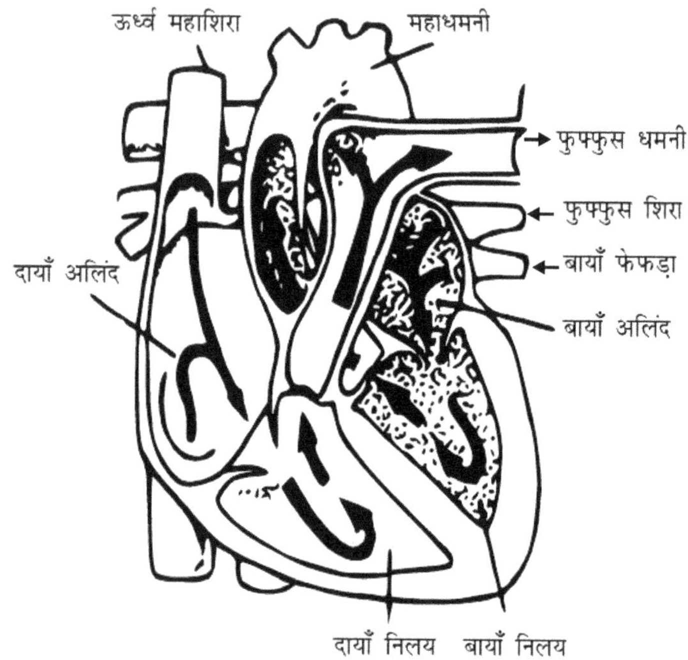

चित्र 3.3: परिसंचरण तंत्र

सावधानियाँ

(1) मॉडल व चार्ट पर कुछ नहीं लिखते हैं।

(2) क्ले मॉडल व चार्ट का प्रयोग करते समय उचित सावधानी रखते हैं जिससे वह खराब न हो।

(3) मॉडल व चार्ट को उनके उपयोग के पश्चात् उचित स्थान पर रख देते हैं।

उत्सर्जन तंत्र

उद्देश्य–उत्सर्जन तंत्र के विभिन्न अंगों को पहचानना तथा उनकी क्रियाओं को समझना।

आवश्यक सामग्री–गुर्दे का चार्ट, उत्सर्जन तंत्र का क्ले मॉडल (clay model) तथा उत्सर्जन तंत्र का चार्ट।

विधि–उत्सर्जन तंत्र के क्ले मॉडल की मदद से इस तंत्र के विभिन्न अंगों की पहचान कर इनकी कार्यप्रणाली की जानकारी प्राप्त करना।

उत्सर्जन तंत्र–शरीर कोशिकाओं से वर्ज्य (waste) या विषाक्त पदार्थों को बाहर निकालने की क्रियाविधि को उत्सर्जन (Excretion) कहते हैं। उत्सर्जन को करने वाले तंत्र को उत्सर्जन तंत्र कहते हैं।

मानव उत्सर्जन-तंत्र में ये अंग होते हैं–एक जोड़ी वृक्क, एक जोड़ी मूत्रवाहिनियाँ, एक मूत्राशय और मूत्रमार्ग।

(1) गुर्दा–गुर्दा (वृक्क) सेम के बीज के आकार का होता है। उदर गुहा (Abdominal cavity) में पीठ की ओर कमर के क्षेत्र में, कशेरुक दंड के दोनों ओर एक-एक वृक्क स्थित होता है। इसके चारों तरफ पेरिटोनियम (Peritoneum) नामक एक झिल्ली पाई जाती है। वयस्क मनुष्य में प्रत्येक वृक्क 4 से 5 इंच लंबा, 2 इंच चौड़ा और लगभग 1.5 इंच मोटा होता है। इसका भार लगभग 140 ग्राम होता है। इसका बाहरी धरातल उत्तल (Convex) होता है तथा भीतरी धरातल अवतल होता है। वृक्क चारों ओर से मोटी वसा परतों द्वारा आच्छादित होते हैं, जो उनकी सुरक्षा करती है। वृक्क की भीतरी अवतल सतह हाइलम कहलाती है। प्रत्येक गुर्दे में ऊपरी पोल, निचला पोल, दो बार्डर तथा दो सतह होती हैं। अधिवृक्क ग्रंथि नामक एक ग्रंथि प्रत्येक गुर्दे की ऊपरी पोल पर स्थित होती है।

शुद्ध रक्त रेनल धमनी द्वारा एरोटा के मार्ग से गुर्दे में प्रवेश करता है। रक्त गुर्दे में निस्यंदित (filtrate) होता है तथा तत्पश्चात् निस्यंदित रक्त अधोमहाशिरा से होता हुआ रेनल शिरा से वापस हृदय में प्रवाहित होता है। गुर्दा एक तंतुयुक्त कैप्सूल तथा वसा ऊतक द्वारा आवरित होता है। वृक्क को लंबवत् (Lengthwise) काटने पर यह दो भागों में विभाजित हो जाता है। बाहरी भाग जो अपेक्षाकृत पतला होता है, कॉर्टेक्स कहलाता है जबकि भीतरी मोटा दो तिहाई भाग मेडुला कहलाता है।

मेडुला में एकत्रित प्रणाली होती है तथा वल्कुट में अनेक इकाइयाँ होती हैं, जिन्हें वृक्क कहते हैं। नेफ्रोन वृक्क की मूलभूत क्रियात्मक इकाई है।

चित्र 4.1: उत्सर्जी तंत्र

गुर्दे के कार्य–वृक्क (kidneys) के निम्नलिखित महत्त्वपूर्ण कार्य हैं–

(क) वृक्क स्तनधारियों एवं अन्य कशेरुकी जंतुओं में उपापचय क्रिया के फलस्वरूप उत्पन्न विभिन्न अपशिष्ट पदार्थों को मूत्र के रूप में शरीर से बाहर निकालता है।

(ख) यह रक्त में हाइड्रोजन आयन सांद्रता (pH) का नियंत्रण करता है।

(ग) यह रक्त के परासरणी दाब तथा उसकी मात्रा का नियंत्रण करता है।

(घ) यह रुधिर तथा ऊतक द्रव्य में जल एवं लवणों की मात्रा को निश्चित कर रुधिर दाब बनाए रखता है।

(ङ) रुधिर के विभिन्न पदार्थों का वरणात्मक उत्सर्जन कर वृक्क शरीर की रासायनिक अखंडता बनाने में सहायक होता है।

(च) शरीर में ऑक्सीजन की कमी होने की अवस्था में विशेष एंजाइम के स्रवण से वृक्क एरिथ्रोपोइटिन नामक हार्मोन द्वारा लाल रुधिराणुओं के तेजी से निर्माण में सहायक होता है।

(छ) यह कुछ पोषक तत्त्वों के अधिशेष भाग जैसे शर्करा, एमीनो अम्ल आदि का निष्कासन करता है।

(ज) यह बाहरी पदार्थों जैसे दवाइयाँ, विष इत्यादि जिनका शरीर में कोई प्रयोजन नहीं होता है, का निष्कासन करता है।

(झ) शरीर में परासरण नियंत्रण द्वारा वृक्क जल की निश्चित मात्रा को बनाए रखता है।

(2) मूत्रवाहिनी–गुर्दे द्वारा उत्पन्न मूत्र मूत्रवाहिनी (Ureter) के मार्ग से मूत्राशय (urinary bladder) में पहुँचता है। मूत्रवाहिनियाँ लगभग 25 सेंटीमीटर लंबी नलिकाएँ हैं जो गुर्दे के श्रोणि (pelvis) से आरंभ होकर मूत्राशय के पश्च सतह तक जाती हैं। क्रमाकुंचक तरंगें (Peristaltic Waves) मूत्र को गुर्दे के श्रोण से नीचे मूत्राशय में धकेलने में सहायक होती हैं। मूत्रवाहिनियों के निचले छोर पर श्लेष्मा वलन (Mucous Fold) होता है जो वाल्व के रूप में कार्य करता है तथा मूत्र के पीछे की ओर के प्रवाह को रोकता है, विशेष रूप से ब्लैडर के संकुचन के समय।

(3) मूत्राशय–यह एक लचीली डिस्टैसलीय थैली है जो 200 से 400 मि.ली. मूत्र एकत्र कर सकती है। यह संधान जघनास्थि के मध्य स्थित है। ब्लैडर (Bladder) की सतह से तीन मार्ग होते हैं – 2 मूत्रवाहिनियाँ तथा एक मूत्रमार्ग (urethral)। ब्लैडर का आंतरिक भाग श्लेष्मा झिल्ली से आवरित होता है और यह श्लेष्मा झिल्ली एक खाली ब्लैडर है।

सावधानियाँ

(1) मॉडल व चार्ट पर कुछ नहीं लिखते हैं।

(2) क्ले मॉडल व चार्ट का प्रयोग करते समय उचित सावधानी रखते हैं।

(3) मॉडल व चार्ट को उपयोग के पश्चात् उनके उचित स्थान पर रख देते हैं।

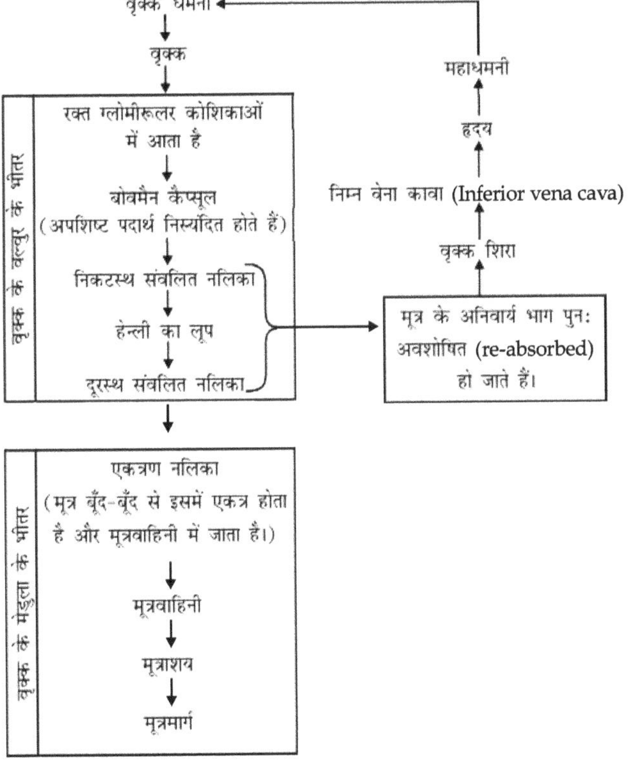

चित्र 4.2: मूत्र के बनने व उसके मार्ग को दर्शाता चार्ट

एफरेंट
आर्टिरॉयल
इफरेंट
आर्टिरॉयल
रीनल आर्टरी की
शाखा
डिस्टल कनवल्टिड
ट्यूबुल
मालपिथियन
बॉडी
ग्लोमेरलस
बॉमेन का
कैप्सूल
प्रोक्सीमल
कॉन्वोल्यूटेड
ट्यूबुल
पार्स रेक्टा
पैरोट्यूबुलर कैपिलरी
रीनल मज्जक
रीनल वेन की शाखा
ट्यूबल एकत्रण
हैन्लेपाश का बढ़ता
लिंब
हैन्लेपाश का घटता
लिंब
वासा रेक्टा
डक्ट एकत्रण
हैन्लेपाश का पतला
सिग्मेंट

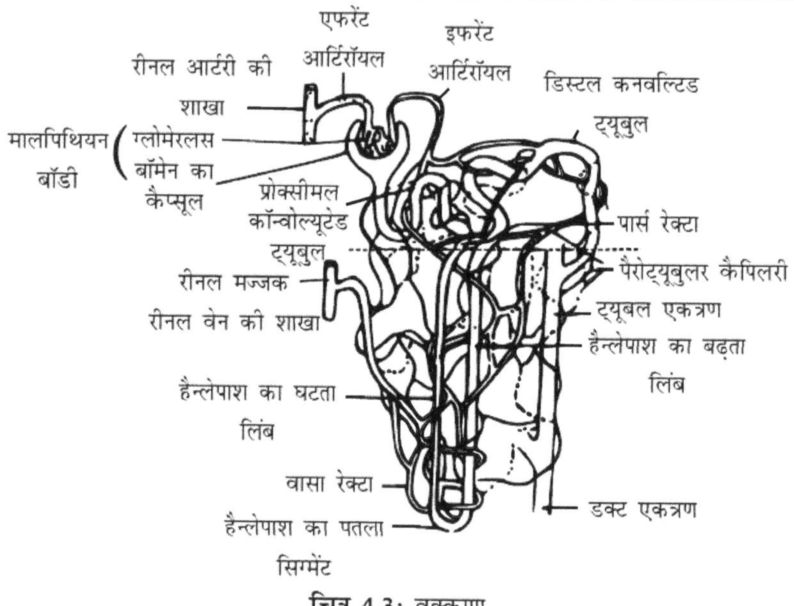

चित्र 4.3: वृक्काणु

तंत्रिका तंत्र

उद्देश्य–मस्तिष्क की संरचना एवं क्रियाओं और तंत्रिका तंत्र (Nervous System) की कार्यप्रणाली को समझना।

आवश्यक सामग्री–मस्तिष्क का चार्ट तथा मस्तिष्क का क्ले-मॉडल।

तंत्रिका तंत्र–मानव शरीर का वह तंत्र जो सोचने, समझने तथा किसी चीज को याद रखने के साथ ही शरीर के विभिन्न अंगों के कार्यों में सामंजस्य तथा संतुलन स्थापित करने का कार्य करता है, तंत्रिका तंत्र कहलाता है। तंत्रिका तंत्र संवेदी अंगों, तंत्रिकाओं, मस्तिष्क, मेरुरज्जु एवं तंत्रिका कोशिकाओं का बना होता है। तंत्रिकीय नियंत्रण एवं समन्वय का कार्य मुख्यतया मस्तिष्क तथा मेरुरज्जु के द्वारा किया जाता है।

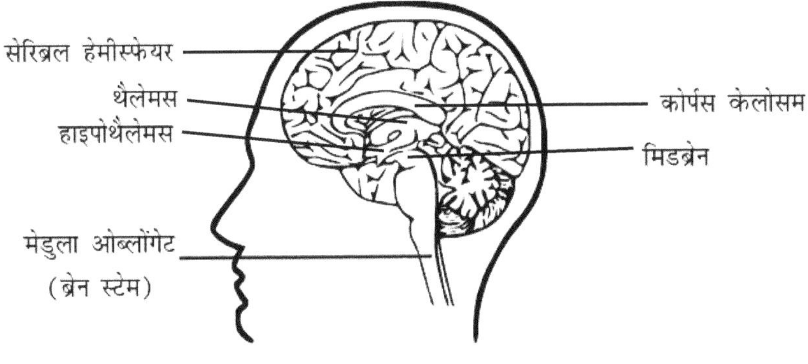

चित्र 5.1: मस्तिष्क

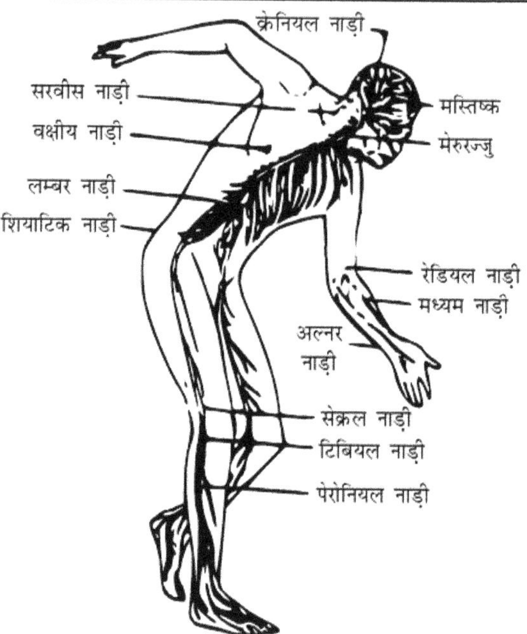

चित्र 5.2: मेरुरज्जु

मस्तिष्क के सभी भाग तथा परिरेखीय तंत्रिका तंत्र (Peripheral Nervous System) मस्तिष्क को संदेश पहुँचाने के लिए मिलकर कार्य करते हैं। प्रत्येक संदेश मस्तिष्क के विशिष्ट स्थान पर उसके विशिष्ट तंत्रिका कोशिका द्वारा ले जाया जाता है। तंत्रिका की मूल इकाई तंत्रिका कोशिका (neuron) या तंत्र कोशिका है। यह एक विशिष्ट प्रकार की कोशिका है तथा इसकी विभिन्न प्रक्रियाएँ होती हैं जिन्हें द्रुमिका कहते हैं और लंबी प्रक्रिया को तंत्रिकाक्ष (Axon) कहते हैं। प्रत्येक विशिष्ट तंत्र कोशिका एक मार्ग को जाती है जो मस्तिष्क के विशिष्ट क्षेत्र को संदेश प्रदान करती है तथा मस्तिष्क उस संदेश का अर्थ ग्रहण करके उसकी आवश्यक प्रतिक्रिया देता है। यह प्रतिक्रिया शरीर के किसी भी भाग में हो सकती है। उदाहरण के लिए, कान के भीतर तरंगों के प्रवेश से सुनने की क्रिया, आँखों द्वारा ग्रहण प्रकाश किरणों के कारण देखने की क्रिया। इस प्रकार हम सुन, देख, स्वाद अनुभव कर सकते हैं व शीत, दबाव, दर्द को महसूस कर सकते हैं तथा स्पर्श का अनुभव कर सकते हैं। मस्तिष्क के विभिन्न भाग विभिन्न प्रकार के कार्य करते हैं तथा शरीर के सभी तंत्रों को नियंत्रित करने के साथ-साथ स्मृति (Memory) को भी भंडारित करते हैं।

सावधानियाँ

(1) मॉडल व चार्ट पर कुछ नहीं लिखते हैं।

(2) क्ले मॉडल व चार्ट का प्रयोग करते समय उचित सावधानी रखते हैं जिससे वे खराब न हों।

(3) मॉडल व चार्ट को उपयोग करने के बाद उचित स्थान पर रख देते हैं।

खंड 'ख'

क्लीनिकल थर्मामीटर का प्रयोग

उद्देश्य–मानव शरीर के तापमान की जाँच करना।

आवश्यक सामग्री–क्लीनिकल थर्मामीटर, रूई, साबुन, डिटॉल या सेवलॉन, साबुन, पानी (हाथों व थर्मामीटर को साफ करने के लिए)।

विधि–(1) सबसे पहले अपने हाथों को अच्छी तरह से धो लेते हैं।

(2) व्यक्ति को इस प्रक्रिया से अवगत कराते हैं।

(3) क्लीनिकल थर्मामीटर को सेवलॉन या डेटॉल तथा पानी से धो कर साफ रूई की मदद से बल्ब से नीचे की तरफ साफ करते हैं।

(4) अगर थर्मामीटर का पारा 35°C या 95°F से अधिक है तो थर्मामीटर को हल्के हाथ से झटकर पारे को नीचे ले आते हैं।

(5) थर्मामीटर को व्यक्ति/रोगी की काँख (Axilla) में डालते हैं।

(6) 2 से 3 मिनटों के लिए इंतजार करते हैं।

(7) अब रोगी की काँख से थर्मामीटर को निकालते हैं और उसे नीचे से ऊपर बल्ब की तरफ साफ रूई से साफ करते हैं तथा थर्मामीटर को आँख के स्तर पर रखते हुए फॉरेनहाइट (fahrenheit) या सेंटीग्रेड (centigrade) में रीडिंग नोट कर लेते हैं।

(8) थर्मामीटर को साफ रूई से नीचे से ऊपर बल्ब की तरफ साफ करते हैं।

(9) साफ थर्मामीटर को उचित स्थान पर रख देते हैं।

(10) अपने हाथों को अच्छी तरह से धो लेते हैं।

नोट

(1) मानव शरीर का सामान्य तापमान 37°C या 98.4°F होता है।

(2) यदि व्यक्ति का तापमान 37°C या 98.4°F से अधिक है तो उसे बुखार है।

(3) यदि तापमान 37°C से अधिक है तो रोगी को डॉक्टर के पास या अस्पताल में भेज देते हैं।

व्यक्ति के तापमान की जाँच के लिए डिजिटल थर्मामीटर का भी प्रयोग किया जाता है। छोटे बच्चों का तापमान लेने के लिए डिजिटल थर्मामीटर अधिक सुरक्षित हैं।

सावधानियाँ

थर्मामीटर को प्रयोग करने से पहले व बाद में अच्छी तरह से साफ करते हैं तथा प्रयोग के पश्चात् उचित स्थान पर रख देते हैं।

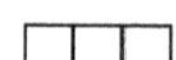

रक्त-समूहन तथा Rh फैक्टर

उद्देश्य–व्यक्ति के रक्त-समूहन तथा Rh फैक्टर का निर्धारण करना।

आवश्यक सामग्री–सफेद रंग की टाइल, एंटी-सीरा-ए, बी तथा एंटी सीरा डी, शीशे पर चिह्न लगाने वाली पेंसिल, विसंक्रमित प्रयोज्य सुई, ड्रोपर, स्पिरिट, रूई, इस कार्य के लिए प्रयोग होने वाली स्टिक, मैंगनीफाइंग ग्लास/माइक्रोस्कोप तथा स्लाइड वाली एक ट्रे, प्रयोज्य सामान के लिए हाथ धोने की सामग्री तथा पेपर बैग।

विधि–(1) सबसे पहले अपने हाथों को अच्छी तरह से साफ कर लेते हैं।

(2) व्यक्ति/रोगी को उचित रूप से इस पद्धति से अवगत कराते हैं।

(3) एक टाइल (tile) लेते हैं तथा शीशे पर चिह्न लगाने वाली पेंसिल से उस पर 'ए', 'बी', तथा 'डी' चिह्न लगाते हैं।

(4) स्पिरिट से भीगी रूई से व्यक्ति की उंगली के सिरे को साफ करते हैं।

(5) विसंक्रमित प्रयोज्य सुई से उसकी उंगली के सिरे को चुभाते हैं।

(6) रक्त की बूँद को 'ए' साइड, 'बी' साइड तथा 'डी' साइड पर डालते हैं।

(7) एंटी सीरा 'ए' की एक बूँद 'ए' साइड, एंटी सिरा बी की एक बूँद 'बी' साइड तथा एंटी सिरा 'डी' की एक बूँद Rh साइड में मिलाते हैं।

(8) इसे स्टिक से मिलाते हैं।

(9) टाइल को घड़ी की सुइयों की दिशा में 2 मिनटों के लिए घुमाते हैं तथा समूहन (agglutination) को खुली आँखों या मैगनीफाइंग ग्लास से देखते हैं।

(10) सभी प्रयोग की गई वस्तुओं को धोते हैं तथा इन्हें उचित स्थान पर वापस रख देते हैं।

अवलोकन–(1) यदि 'ए' साइड में समूहन (agglutination) होता है और 'बी' साइड में समूहन नहीं होता है तो यह 'ए' रक्त समूह ('A' Blood Group) है।

(2) यदि 'बी' साइड में समूहन होता है और 'ए' साइड में समूहन नहीं होता है तो यह 'बी' रक्त-समूह है।

(3) यदि 'ए' साइड तथा 'बी' साइड दोनों में समूहन होता है तो यह 'ए.बी.' रक्त-समूह ('AB' Blood Group) है।

(4) यदि 'ए' साइड तथा 'बी' साइड दोनों में समूहन नहीं होता है तो यह 'ओ' रक्त-समूह है।

(5) यदि टाइल के 'डी' साइड में (जहाँ हमने 'एंटी सीरा डी' डाला है) समूहन होता है तो वह Rh 'पॉजिटिव' है और यदि 'डी' साइड में समूहन नहीं होता है तो वह Rh 'नेगेटिव' है।

	प्रकार ए	प्रकार बी	प्रकार एबी	प्रकार ओ
	प्रतिजन ए	प्रतिजन बी	प्रतिजन एबी	ए या बी कोई भी प्रतिजन नहीं
लाल रुधिर कणिका				
सीरम	एंटी-बी प्रतिरक्षी	एंटी-ए प्रतिरक्षी	कोई नहीं एंटी-ए या बी प्रतिरक्षी	प्रतिरक्षी एंटी-ए तथा एंटी-बी

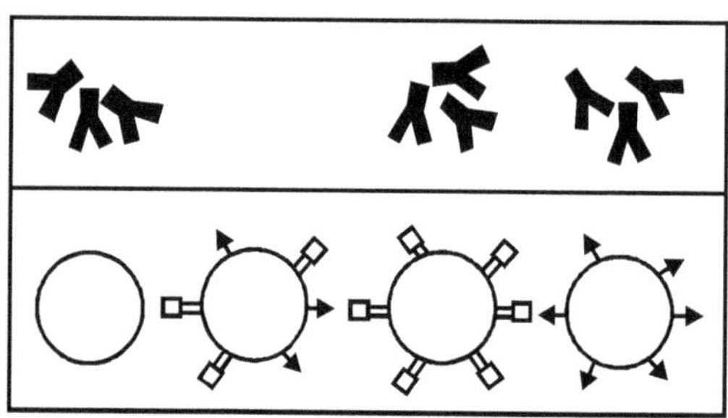

रक्त समूहन को दर्शाता

चित्र 7.1

सावधानियाँ

(1) सुई पर पुनः कैप लगा लेते हैं ताकि वह हमारी उंगली पर न चुभे।

(2) प्रयोग की गई सुई, रूई आदि को पेपर बैग में डाल कर उचित स्थान में फेंक देते हैं।

(3) रक्त रंजित टाइलों को बहते हुए पानी में साफ करते हैं।

नोट

एंटी-सीरा का रंग

(1) एंटी-सीरा 'ए' – नीला रंग

(2) एंटी-सीरा 'बी' – पीला रंग

(3) एंटी-सीरा 'डी' – सफेद रंग

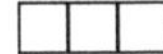

हीमोग्लोबिनमापी के प्रयोग द्वारा हीमोग्लोबिन का परिमापन

उद्देश्य–व्यक्ति के रक्त में हीमोग्लोबिन के ग्राम प्रतिशत की जाँच करना।

आवश्यक सामग्री–एन (N)/10 हाइड्रोक्लोरिक एसिड (एच.सी.एल.), स्पिरिट, रूई ड्रॉपर, प्रयोज्य विसंक्रमित सुई वाली एक ट्रे, पात्र पानी से भरा, आसुत पानी, प्रयोज्य सामान (disposable items) के लिए पेपर बैग तथा हाथ धोने की सामग्री।

विधि–(1) सबसे पहले अपने हाथों को अच्छी तरह से धो लेते हैं।

(2) व्यक्ति/रोगी को इस प्रक्रिया से अवगत कराते हैं।

(3) हीमोग्लोबिनमापी की नली के निम्नतम चिह्न तक एन (N)/10 एच.सी.एल. को डालते हैं।

(4) स्पिरिट से गीली रूई से व्यक्ति की उंगली के सिरे को साफ करते हैं।

(5) विसंक्रमित प्रयोज्य सुई को उसकी उंगली के सिरे पर चुभाते हैं।

(6) हीमोग्लोबिनमापी की पतली नलिका में '20' चिह्न तक रक्त इकट्ठा करते हैं और इसे ट्यूब में अम्ल के साथ मिलाते हैं।

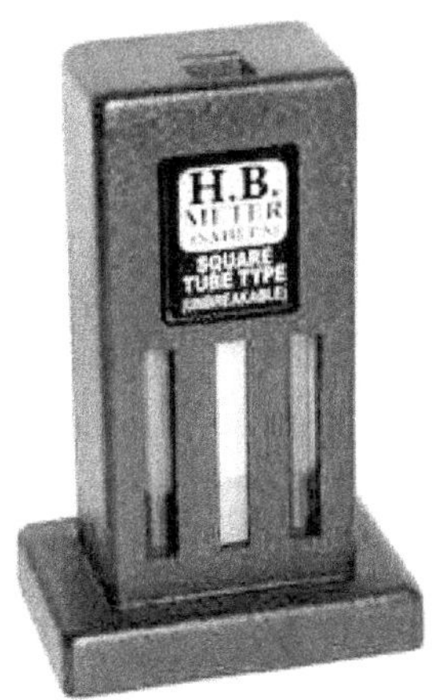

चित्र 8.1: हीमोग्लोबिनमापी

(7) पिपेट (pipette) को पानी से अच्छी तरह साफ करते हैं। ट्यूब को अच्छी तरह से हिलाकर अम्ल व रक्त को मिश्रित कर लेते हैं।

(8) इस अवस्था में इसे कम से कम 10 मिनटों के लिए रहने देते हैं ताकि अम्ल हिमेटिन के सृजन से इसका रंग भूरा हो जाए।

(9) इसके पश्चात् आसुत जल (distilled water) मिलाकर इसे पतला करते हैं तथा इससे उत्पन्न रंग की तुलना हीमोग्लोबिनमापी की ट्यूब के दोनों ओर के रंगों (मानक रंग) से करते हैं। ड्रोपर की सहायता से उसमें आसुत जल को तब तक मिलाते रहते हैं जब तक इसका रंग मानक रंग के समान न हो जाए। जिस बिंदु पर रंग समान हो जाएँ, उस बिंदु को नोट कर लेते हैं। यह रक्त में उपस्थित हीमोग्लोबिन को ग्राम प्रतिशत में दर्शाता है।

(10) अब प्रयोग की गई वस्तुओं को धो लेते हैं तथा उसे उचित स्थान पर वापस रख देते हैं।

लाल रुधिर कणिका (Red Blood Cells) के मुख्य घटक हीमोग्लोबिन को ग्राम प्रतिशत में मापा जाता है।

हीमोग्लोबिन का सामान्य मान (Value)
पुरुषों के लिए–14-18 ग्राम%
महिलाओं के लिए–12-16 ग्राम%

अवलोकन–नलिका के रंग को हीमोग्लोबिनमापी की दो रंग वाली नलिका से मिलाते हैं। जब दो नलिकाओं का रंग मैच करता है तब उसके निष्कर्ष को पढ़ते हैं व रिकॉर्ड कर लेते हैं।

सावधानियाँ

(1) सुई पर पुन: कैप लगा लेते हैं ताकि वह हमारी उंगली पर न चुभे।

(2) प्रयोग की गई सुई, रूई आदि को पेपर बैग में डाल कर उचित स्थान में फेंक देते हैं।

(3) हीमोग्लोबिनमापी की सामग्री को बहते पानी में बहा देते हैं।

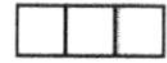

शर्करा के लिए मूत्र परीक्षण

उद्देश्य–व्यक्ति के मूत्र में शर्करा (Sugar) के प्रतिशत का निर्धारण करना।

आवश्यक सामग्री–बेनेडिक्ट विलयन (Benedict's Solution), स्पिरिट लैंप, टेस्ट ट्यूब, स्पिरिट, टेस्ट ट्यूब होल्डर, ड्रॉपर, प्रयोज्य सामान के लिए हाथ धोने की सामग्री तथा पेपर बैग।

विधि–(1) सर्वप्रथम हम अपने हाथों को अच्छी तरह से धो लेते हैं।

(2) व्यक्ति/रोगी को इस प्रयोग से अवगत कराते हैं।

(3) व्यक्ति/रोगी से शीशी में मूत्र का नमूना लेते हैं।

(4) एक टेस्ट-ट्यूब लेते हैं।

(5) इसमें 5 मि.ली. बेनेडिक्ट विलयन डालकर उसे उबालते हैं।

(6) ड्रॉपर की मदद से इसमें मूत्र की 8 बूँदें मिलाते हैं।

(7) अब इसे ठंडा होने देते हैं और तत्पश्चात् उसका रंग देखते हैं।

(8) प्रयोग के पश्चात् अपने हाथों को अच्छी तरह से धो लेते हैं।

अवलोकन

क्र.सं.	अवलोकन	टिप्पणी
(1)	यदि मूत्र में शर्करा नहीं है या नेगेटिव शुगर।	बेनेडिक्ट विलयन के नीले रंग में कोई परिवर्तन नहीं होगा।
(2)	यदि मूत्र में शर्करा के अंश हैं।	विलयन हरे रंग का नजर आएगा।
(3)	निश्चित हरा।	(+) या 0.5% शर्करा।
(4)	पीले से संतरी अवक्षेपण।	(++) या 1% शर्करा।
(5)	संतरी से लाल अवक्षेपण।	(+++) या 1.5% शर्करा।
(6)	गहरा लाल अवक्षेपण।	(++++) या 2% शर्करा की उपस्थिति

सावधानियाँ

(1) यह सुनिश्चित करते हैं कि प्रयोग की गई वस्तुएँ साफ हो गई हैं।

(2) सभी वस्तुओं को अच्छी तरह से साफ करके उनके स्थान पर रख देते हैं।

नोट–आजकल शर्करा के लिए मूत्र के परीक्षण के लिए यूरीस्टिक का भी प्रयोग किया जाता है। शीशी में दिए गए निर्देशों का अनुपालन कर ऊपर लिखी सावधानियों का भी ध्यान रखते हैं।

ग्लूकोज मापी द्वारा रक्त शर्करा का परिमापन

उद्देश्य–मधुमेह रोग (diabetes) का पता लगाने के लिए रक्त में शर्करा के प्रतिशत का निर्धारण करना।

आवश्यक सामग्री–ग्लूकोज मापी, रूई, एक ट्रे (tray) में स्पिरिट, विसंक्रमित सुइयाँ, प्रयोज्य सामान के लिए हाथ धोने की सामग्री तथा पेपर बैग।

ग्लूकोज मापी

विधि–(1) अपने हाथों को अच्छी तरह से धो लेते हैं।

(2) व्यक्ति/रोगी को इस प्रक्रिया से अवगत कराते हैं।

(3) स्पिरिट से रूई को गीली कर उससे उंगली के सिरे को साफ कर लेते हैं।

(4) विसंक्रमित सुई को उंगली के सिरे पर चुभाते हैं।

(5) ग्लूकोज मापी की स्ट्रिप पर रक्त की एक बूँद डालते हैं (ग्लूकोज मापी पुस्तिका के अनुदेशों को पढ़कर उनका अनुपालन करते हैं)।

(6) स्ट्रिप को ग्लूकोज मापी में रख देते हैं।

अवलोकन–ग्लूकोज मापी की रीडिंग लेकर उसे रिकॉर्ड कर लेते हैं। रीडिंग, 100 सी. सी. प्रति मि.ग्रा. रक्त में ग्लूकोज के स्तर को दर्शाती है।

(1) सामान्य भूखे पेट (Fasting) रक्त शर्करा का स्तर 80 से 100 मि.ग्रा.% होना चाहिए।

(2) खाना खाने के बाद (Post Prandial) (P.P) रक्त शर्करा स्तर 100 से 140 मि. ग्रा.% होना चाहिए।

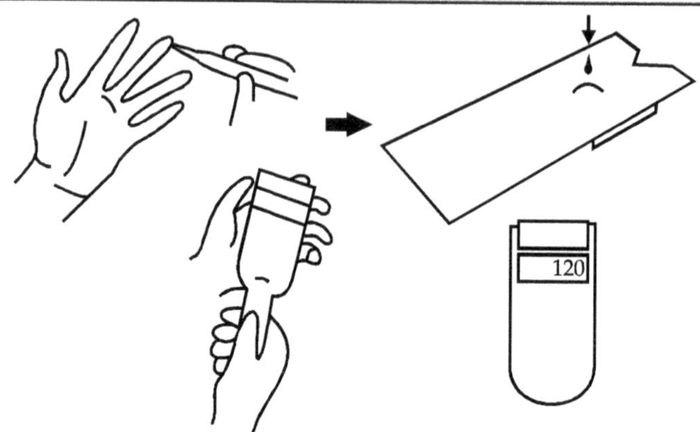

चित्र 10.1: रक्त बूँद को स्ट्रिप पर लेने की पद्धति

सावधानियाँ

(1) सुई पर पुनः कैप लगा लेते हैं ताकि वह हमारी उंगली पर न चुभे।

(2) प्रयोग की गई सुई, रूई आदि को पेपर बैग में डाल कर उचित स्थान पर फेंक देते हैं।

श्वेतक के लिए मूत्र परीक्षण

उद्देश्य–श्वेतक (Albumin) की उपस्थिति का पता लगाना।

आवश्यक सामग्री–एक ट्रे में परीक्षण नलियाँ (Test tubes), स्पिरिट लैंप, ग्लेशियल ऐसिटिक अम्ल (Glacial Acetic Acid), मूत्र के लिए साफ नमूना शीशी, प्रयोज्य सामान के लिए हाथ धोने की सामग्री तथा पेपर बैग।

विधि–(1) अपने हाथों को अच्छी तरह से धो लेते हैं।

(2) व्यक्ति/रोगी को इस प्रक्रिया से अवगत कराते हैं।

(3) एक परीक्षण नली लेते हैं और इसके ¾ भाग को व्यक्ति/रोगी के मूत्र से भर लेते हैं।

(4) परीक्षण नली के 2/3 ऊपरी भाग को लौ (flame) पर गर्म करते हैं।

(5) यदि मूत्र में प्रोटीन, फॉस्फेट या कार्बोनेट मौजूद होते हैं तो उसमें सफेद धुंधलापन विकसित हो जाएगा।

(6) मूत्र में ग्लेशियल एसेटिक अम्ल की 2 से 3 बूँदे मिलाते हैं। फॉस्फेट तथा कार्बोनेट के कारण आविलता (Turbidity) समाप्त हो जाएगी। यदि धुंधलापन/अवक्षेपण (precipitation) मौजूद रहता है तो वह मूत्र में श्वेतक की उपस्थिति के कारण होगा।

(7) जाँच में प्रयोग की गई वस्तुओं को वापस उचित स्थान पर रख देते हैं व अपने हाथों को अच्छी तरह से धो लेते हैं।

अवलोकन

क्र.सं.	अवलोकन	टिप्पणी
(1)	आविलता (turbidity) या अभ्रता (cloudiness) का न होना।	मूत्र में श्वेतक नहीं है।
(2)	आविलता या अभ्रता	मूत्र में श्वेतक विद्यमान है।

परिणाम–मूत्र के प्रस्तुत नमूने के परिणाम दर्शाते हैं कि मूत्र में श्वेतक की उपस्थिति है।

सावधानियाँ

(1) जाँच के दौरान प्रयोग की गई वस्तुओं को उचित स्थान पर फेंक देते हैं।

(2) सभी वस्तुओं को वापस उनकी जगह पर रख देते हैं तथा अपने हाथों को अच्छी तरह से धो लेते हैं।

नोट–यदि रोगी के मूत्र में श्वेतक मौजूद है तो उसे आगे की जाँच के लिए अस्पताल भेज देते हैं।

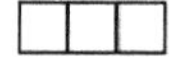

खंड 'ग'

विश्रामात्मक आसन

उद्देश्य–शिथलीकरण (विश्राम) के अभ्यासों को पूरा करने के पश्चात् इन आसनों को करने तथा इन्हें प्रदर्शित करने में निपुणता प्राप्त करना।

उपकरण/आवश्यक सामग्री–योग मैट।

तैयारी–(1) आरामदायक ढीले, हल्के, सूती कपड़े पहनते हैं।

(2) अभ्यास शुरू करने से पूर्व बेल्ट, कलाई में बंधी घड़ी, पेन, पेंसिल आदि सामान निकालकर रख देते हैं।

(1) शवासन

विधि

(क) सबसे पहले पीठ के बल सीधे लेट जाते हैं। दोनों पैरों में अंतर 1 से 2 फुट तथा पैरों के पंजे बाहर की ओर तथा एड़ी अंदर की ओर रखते हैं। दोनों हाथों को कमर के कुछ अंदर पर रखकर सीधा करते हैं।

(ख) हथेलियाँ ऊपर की ओर रखते हैं। गर्दन सीधी, आँखें बंद, सारा शरीर ढीला तथा स्थिर रखते हैं।

(ग) इसी स्थिति में 10-12 लंबे-गहरे श्वास लेते और छोड़ते हैं।

(घ) पैर के अँगूठे से लेकर चोटी तक प्रत्येक अंग का स्वयं निरीक्षण करते हैं और शिथिलता का निर्देश देते हैं व शरीर को शिथिल करते हैं।

(ङ) इस आसन में लेटते हुए शव का ध्यान करते हैं तथा विवेकपूर्ण चिंतन, मनन करते हुए अपने आपको आत्मकेंद्रित करते हैं। मैं इस शरीर से पृथक्, शुद्ध-बुद्ध आनंदमय एवं अविकारी चैतन्य आत्मा हूँ। यह शरीर तो नश्वर है। यह शरीर पंचतत्त्वों का समूह मात्र है। समय आने पर यह उन्हीं पंचतत्त्वों में विलीन हो जाता है। यह शरीर एवं अन्य सब संपत्तियाँ यहीं रह जाती हैं। न हम कुछ साथ लेकर आए और न ही कुछ साथ लेकर जाएँगे। इस प्रकार इस नश्वर संसार से अपने चित्त को हटाते हुए अनंत ब्रह्मांड में व्याप्त अनंत ब्रह्म में अपने आप को समाहित समर्पित करते हुए आनंद की अनुभूति करते हैं।

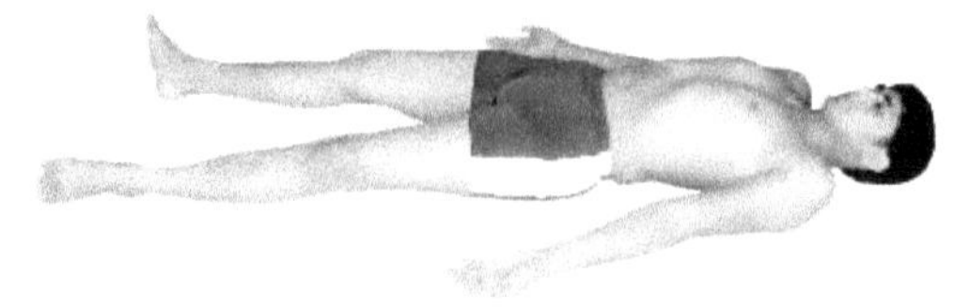

लाभ

(क) शरीर, प्राण, मन, चित्त व आत्मा को असीम आनंद, उत्साह, उमंग, उल्लास प्राप्त होता है।

(ख) स्वाभाविक निद्रा से भी अधिक विश्राम की अनुभूति होती है।

(ग) शरीर में ताजगी एवं स्फूर्ति आती है। हर प्रकार के शारीरिक व मानसिक तनाव दूर करता है। शारीरिक क्षीण कोशिकाओं का पुनः निर्माण करता है। नाड़ी दौर्बल्य, घबराहट और न्योरोसिस में लाभप्रद है। तनाव से होने वाले अधिक रक्त चाप को सामान्य करता है। मन की शांति प्राप्त होती है। श्वास धीमी और लयबद्ध होकर नाड़ियाँ शिथिल और शांत होती है। अंग प्रत्यंग को विश्राम देकर प्राण ऊर्जा से भर देता है। मानसिक, बौद्धिक एवं आध्यात्मिक उत्थान में सहायक है।

(2) मकरासन

विधि

(क) सबसे पहले पेट के बल लेट जाते हैं। दोनों हाथों को मोड़ते हुए परस्पर विपरीत भुजाओं पर रखते हैं।

(ख) माथा दोनों हाथों पर टिका कर रखते हैं। पैरों में लगभग 1 फुट का फासला रखते हैं।

(ग) शरीर को शव की भाँति शिथिल छोड़ देते हैं।

(घ) इस आसन में लेटे हुए स्वयं को आत्मकेंद्रित करते हैं।

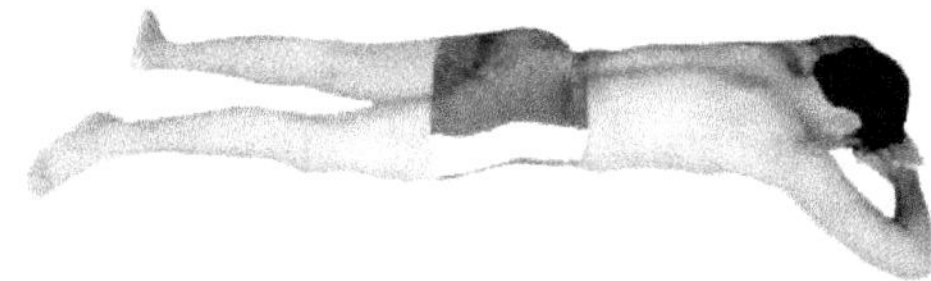

लाभ

(क) इस आसन को करने से शांत रस का स्राव होने लगता है जिससे तनाव प्रतिरोधक क्षमता का विकास होता है।

(ख) हाथों की स्थिति (Passive Stretching Condition) में होने से पैरा सैम्पैथेटिक नर्वज् को प्रभावित करके शरीर को शिथिल छोड़ने में सहायक होती है।

(ग) यह विश्राम का आसन है। विश्राम में केवल शारीरिक ही नहीं मानसिक रूप से भी व्यक्ति अपने आपको हल्का अनुभव करता है। आसनों को करते समय बीच-बीच में विश्राम के लिए इसको करना चाहिए। पेट की आँतों की स्वाभाविक मालिश हो जाती है, छोटी आँतें भी पेट पर दबाव पड़ने से सक्रिय हो जाती है जिससे वे मंदाग्नि आदि विकारों को दूर करती है।

(घ) हृदय को गुरुत्वाकर्षण के विरुद्ध कार्य न करने के कारण विश्राम मिलता है।

(ङ) अंत:स्रावी ग्रंथियाँ लाभान्वित होती है।

(च) शारीरिक, मानसिक तनाव जन्य समस्त अनियमितताएँ जैसे उच्च रक्तचाप, हृदय रोग, डिप्रेशन, मानसिक तनाव, अनिद्रा, हैडेक, भारीपन, दौरे पड़ने, मूर्छा जैसी स्थितियों को नियंत्रित करता है।

सावधानियाँ

(1) खाना खाने के तुरंत पश्चात् मकरासन नहीं करते।

अवलोकन

(1) 4 सप्ताह तक उपर्युक्त आसन करने के बाद उनके प्रभाव का अवलोकन करते हैं।

(2) प्रभावों के अनुसार 'हाँ' अथवा 'नहीं' लिखते हैं।

उदाहरण

प्रभाव	सप्ताह			
	सप्ताह 1	सप्ताह 2	सप्ताह 3	सप्ताह 4
शारीरिक प्रभाव	नहीं	नहीं	हाँ	हाँ
मानसिक प्रभाव	नहीं	नहीं	हाँ	हाँ
आंतरिक जागरूकता पर प्रभाव	नहीं	नहीं	नहीं	हाँ
पूर्ण श्वसन पर प्रभाव	नहीं	नहीं	नहीं	हाँ

परिणाम

विश्रामात्मक आसन करने से शरीर, मन और श्वसन पर सकारात्मक प्रभाव पड़ता है।

टिप्पणी

स्वस्थ व्यक्ति को अपने स्वास्थ्य को बनाए रखने के लिए नियमित रूप से आसन करना चाहिए। अस्वस्थ व्यक्ति को चिकित्सक तथा योग विशेषज्ञ की सलाह से ही आसन करना चाहिए।

For Sure Success Best Read GPH Books
Order Now: 9312235086

ध्यानात्मक आसन

उद्देश्य–ध्यान के आसनों का अभ्यास पूरा करने के पश्चात् इन आसनों को करने तथा इन्हें प्रदर्शित करने में निपुणता प्राप्त करना।

उपकरण/आवश्यक सामग्री–योग मैट्स, कुशन।

तैयारी

(1) आरामदायक ढीले, हल्के, सूती कपड़े पहनते हैं।

(2) अभ्यास शुरू करने से पूर्व बेल्ट, कलाई में बंधी घड़ी, पेन, पेंसिल आदि सामान निकालकर रख देते हैं।

(1) सिद्धासन

विधि

(क) सबसे पहले पैरों को सामने फैलाकर बैठ जाते हैं।

(ख) फिर दाहिना पैर मोड़ते हैं और लगभग दाईं एड़ी के ऊपर बैठते हुए दाहिने तलवे को बाईं जाँघ के भीतरी भाग से इस प्रकार सटाकर रखते हैं कि एड़ी का दबाव मूलाधार (प्रजनन अंग और गुदा के मध्य का भाग) पर रहे। यह सिद्धासन का एक महत्त्वपूर्ण पहलू है।

(ग) शरीर को व्यवस्थित कर आरामदायक स्थिति में लाते हैं और एड़ी के दबाव को थोड़ा अधिक बढ़ाते हैं।

(घ) बाएँ पैर को मोड़ते हैं और बाएँ टखने को सीधे दाहिने टखने पर इस प्रकार रखते हैं कि टखनों की हड्डियाँ लगातार स्पर्श करें और एड़ियाँ एक-दूसरे के ऊपर रहें।

(ङ) फिर बाईं एड़ी से प्रजनन अंग के ठीक ऊपर स्थित जाँघ के क्षेत्र पर दबाव डालते हैं। इस प्रकार, प्रजनन अंग दोनों एड़ियों के बीच आ जाता है।

(च) अगर इस आखिरी अवस्था में हमें किसी भी तरह का कष्ट महसूस होता है तो केवल बाईं एड़ी को जितना संभव हो जाँघ के क्षेत्र के निकट रखते हैं।

(छ) बाएँ पैर की उंगलियों या पंजे को दाहिनी पिंडली और जाँघ की माँसपेशियों के बीच फँसाते हैं। यदि आवश्यक होता है, तो हाथ के सहारे अथवा दाहिने पैर को अस्थायी रूप से थोड़ा व्यवस्थित कर इस स्थान को थोड़ा फैलाया जा सकता है।

(ज) दाहिने पैर की उंगलियों को पकड़कर बाईं पिंडली और जाँघ के बीच में फँसाते हैं। पुन: शरीर को व्यवस्थित कर उसे आरामदायक स्थिति में लाते हैं।

(झ) घुटने जमीन पर तथा बाईं एड़ी ठीक दाहिनी एड़ी के ऊपर रखते हुए हमारे पैर एक प्रकार से बंध जाते हैं। रीढ़ की हड्डी को एकदम सीधा रखते हैं और ऐसा महसूस करते हैं कि हमारा शरीर जमीन से जुड़ा है। हाथों को ज्ञान मुद्रा में रखते हैं।

(ञ) आँखों को बंद कर लेते हैं और पूरे शरीर को आराम देते हैं।

(ट) इस आसन को कम-से-कम दस मिनट तक करते हैं।

(2) पद्मासन

विधि

(क) दंडासन में बैठकर दाहिने पैर को बाईं तथा बाएँ पैर को दाहिनी जंघा पर स्थिर करते हैं। दोनों पैरों की एड़ियाँ नाभि के समीप परस्पर मिलाकर रखते हैं तथा मेरुदंड को सीधा रखते हैं।

(ख) दोनों हाथों की अंजलि मुद्रा बनाकर (बायाँ हाथ नीचे दायाँ हाथ ऊपर) गोद में रखते हैं। नासिकाग्र अथवा किसी एक स्थान पर मन को केंद्रित करके इष्ट देव परमात्मा का ध्यान करते हैं।

(ग) प्रारंभ में एक-दो मिनट तक करते हैं। फिर धीरे-धीरे समय बढ़ाते हैं।

सावधानियाँ

(1) उपर्युक्त आसनों को करने के दौरान जल्दबाजी नहीं करते।

(2) ये आसन अपने शरीर की क्षमता के अनुसार ही करते हैं।

(3) घुटनों की समस्याओं वाले, साइटिका और स्लिप डिस्क वाले लोग इन आसनों को नहीं करते या प्रशिक्षित योग शिक्षक के दिशा-निर्देश में ही करते हैं।

लाभ

(1) रक्तचाप को नियंत्रित करते हैं।

(2) ये आसन मानसिक और शारीरिक संतुलन के लिए बहुत अच्छे हैं।

(3) तनाव व डिप्रेशन से मुक्त करते हैं।

अवलोकन

(1) 4 सप्ताह तक उपर्युक्त आसन करने के बाद उनके प्रभाव का अवलोकन करते हैं।

(2) प्रभावों के अनुसार 'हाँ' अथवा 'नहीं' लिखते हैं।

उदाहरण

प्रभाव	सप्ताह			
	सप्ताह 1	सप्ताह 2	सप्ताह 3	सप्ताह 4
शारीरिक प्रभाव	नहीं	हाँ	हाँ	हाँ
मानसिक विश्राम पर प्रभाव	हाँ	हाँ	हाँ	हाँ
आंतरिक जागरूकता पर प्रभाव	नहीं	नहीं	हाँ	हाँ
पूर्ण श्वसन पर प्रभाव	नहीं	नहीं	नहीं	हाँ

परिणाम

ध्यानात्मक आसनों को करने से शरीर, मन और श्वसन पर सकारात्मक प्रभाव पड़ता है।

टिप्पणी

स्वस्थ व्यक्ति को अपने स्वास्थ्य को बनाए रखने के लिए नियमित रूप से आसन करना चाहिए। अस्वस्थ व्यक्ति को चिकित्सक तथा योग विशेषज्ञ की सलाह से ही आसन करना चाहिए।

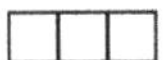

वज्रासन समूह के आसन

उद्देश्य–वज्रासन समूह के आसनों के अभ्यास को पूरा करने के पश्चात् इन्हें करने तथा प्रदर्शित करने में निपुणता प्राप्त करना।

उपकरण/आवश्यक सामग्री–योग मैट, कुशन।

तैयारी

(1) आरामदायक ढीले, हल्के, सूती कपड़े पहनते हैं।

(2) अभ्यास शुरू करने से पूर्व बेल्ट, कलाई में बंधी घड़ी, सभी आभूषण, पेन, पेंसिल आदि सामान निकालकर रख देते हैं।

(1) वज्रासन की विधि

विधि

(क) दोनों पैरों को मोड़कर नितंब के नीचे इस प्रकार रखते हैं कि एड़ियाँ बाहर की ओर निकली हुई तथा पंजे नितंब से लगे हुए हों।

(ख) इस स्थिति में पैरों के अंगूठे एक-दूसरे से लगे हुए रहते हैं। कमर, ग्रीवा एवं सिर सीधे रहते हैं। घुटने मिले हुए होते हैं। हथेलियों को घुटनों पर रखते हैं।

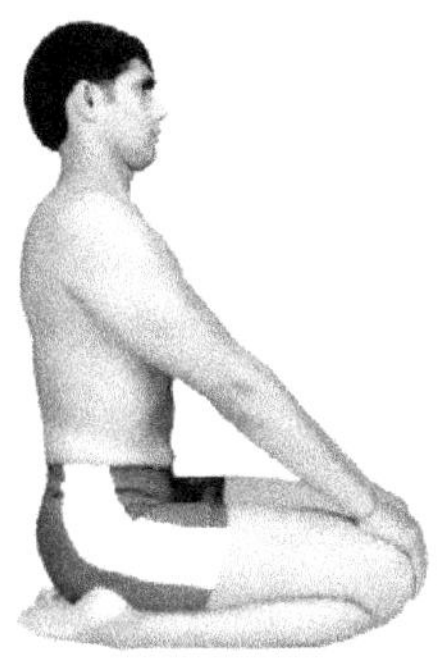

लाभ

(क) मन की चंचलता को दूर करता है।

(ख) घुटनों एवं पिंडलियों की पीड़ा को दूर करता है। साइटिका दर्द में लाभप्रद है।

(ग) भोजन के बाद किया जाने वाला यह एकमात्र आसन है, इसके करने से अपचन, अम्लपित्त, गैस, कब्ज की निवृत्ति होती है। भोजन के बाद 5 से लेकर 15 मिनट तक करने से भोजन का पाचन ठीक से हो जाता है।

(घ) मेरुदंड सीधा एवं स्वस्थ होता है। जागरूकता, पुष्टता एवं उत्साह को बढ़ाता है।

(2) सुप्तवज्रासन

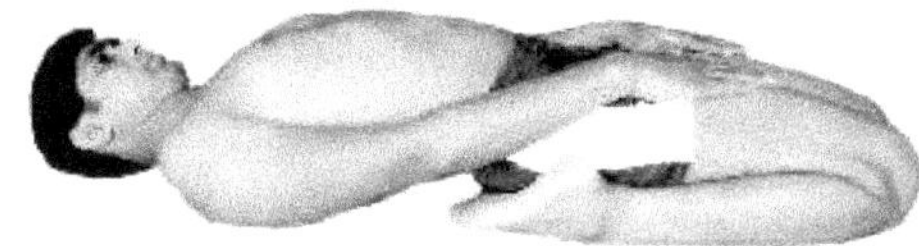

विधि

(क) वज्रासन में बैठकर हाथों को पार्श्व भाग में रखकर उनकी सहायता से शरीर को पीछे झुकाते हुए भूमि पर सिर को टिका दीजिए। घुटने मिले हुए तथा भूमि पर टिके हुए हों।

(ख) धीरे-धीरे कंधों, ग्रीवा एवं पीठ को भी भूमि पर टिकाने का प्रयत्न कीजिए। हथेलियों को जंघाओं पर सीधा रखें।

(ग) आसन को छोड़ते समय कोहनियों एवं हाथों का सहारा लेते हुए वज्रासन में बैठ जाइए।

लाभ

(क) इस आसन से वज्रासन के समस्त लाभ अधिक प्रभावी तरीके से प्राप्त होते हैं।

(ख) यह आसन पेट के नीचे वाले भाग को खींचता है। जिससे बड़ी आंत सक्रिय होने से कोष्ठबद्धता मिटती है। हर्निया में लाभकारी है।

(ग) नाभि का टलना दूर करता है, गुर्दों के लिए लाभप्रद है।

(घ) वक्ष, उदर, श्रोणी, आंत्र पर खिंचाव के परिणामस्वरूप श्वसन संबंधी उदर व आंत्र संबंधी रोग शीघ्र नियंत्रित होते हैं।

(ङ) स्त्रियों के लिए विशेष लाभकारी है एवं मेरुदंड संबंधी समस्त रोग दूर होते हैं।

(3) शशांकासन

विधि

(क) सर्वप्रथम वज्रासन की मुद्रा में बैठते हैं।

(ख) दोनों पैरों के घुटनों को एक-दूसरे से दूर फैलाते हैं।

(ग) इस प्रकार बैठते हैं कि पैरों के अंगूठे एक-दूसरे से मिले हों।

(घ) दोनों हथेलियों को घुटनों के बीच जमीन पर रखते हैं।

(ङ) श्वास को बाहर छोड़ते हुए दोनों हथेलियों को सामने की ओर स्वयं से दूर ले जाते हैं।

(च) आगे की ओर झुकते हुए ठुड्डी को जमीन पर रखते हैं।

(छ) दोनों भुजाओं को समानांतर रखते हैं।

(ज) सामने की ओर देखते हैं और इस स्थिति को बनाए रखते हैं।

(झ) श्वास को अंदर खींचते हुए पीछे की ओर आ जाते हैं।

(ञ) श्वास को बाहर छोड़ते हुए वज्रासन में वापस लौट आते हैं।

(ट) पैरों को पीछे खींचकर विश्रामासन में वापस आ जाते हैं।

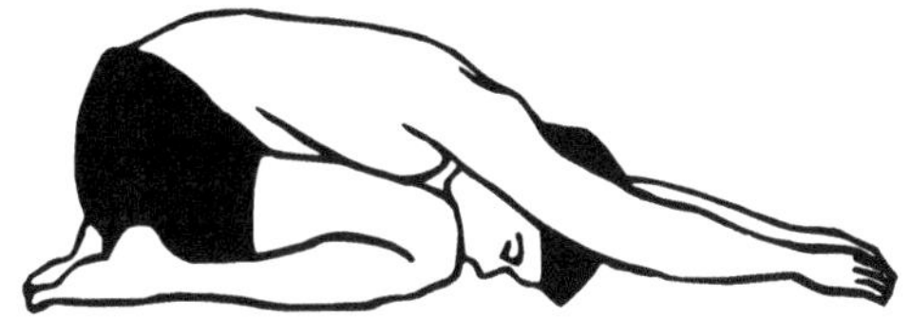

लाभ

(क) शशांकासन का अभ्यास तनाव, क्रोध आदि को कम करने में सहायक है।

(ख) यह आसन पाचन क्रिया संबंधी व्याधि व पीठ दर्द से छुटकारा दिलाता है और जनन अंग संबंधी व्याधि एवं कब्ज से मुक्ति दिलाता है।

(4) सिंहासन

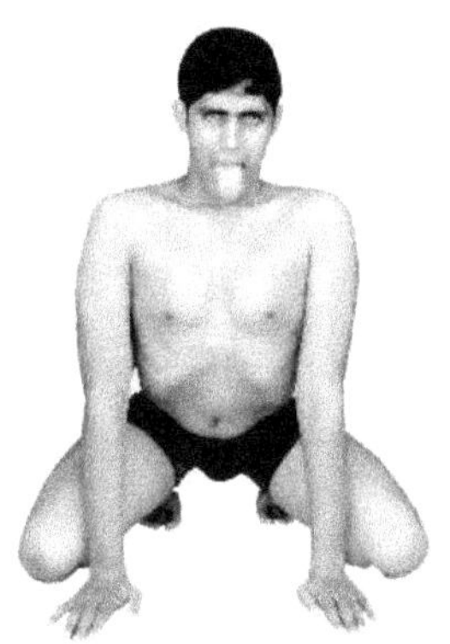

विधि

(क) यदि संभव हो तो सूर्याभिमुख हो वज्रासन में बैठकर घुटनों को थोड़ा खोल कर रखें। हाथों की अंगुलियाँ पीछे की ओर करके पैरों के बीच सीधा करें।

(ख) श्वास अंदर भरकर जिह्वा को बाहर निकालिए। भ्रूमध्य में देखते हुए श्वास को बाहर निकालते हुए सिंहवत्गर्जना कीजिए। इस प्रकार 3-4 बार करना चाहिए।

(ग) सिंहासन करने के पश्चात् गले से लार छोड़ते हुए हल्के हाथ से गले की मालिश कीजिए इससे गले में खराश नहीं होती।

लाभ

(क) टांसिल, थायराइड व अन्य गले संबंधी रोगों में उपयोगी है।

(ख) कान-रोग व स्पष्ट उच्चारण में लाभकारी है।

(ग) जो बच्चे तुतलाकर बोलते हैं, उनके लिए महत्त्वपूर्ण है।

(घ) श्वसन संबंधी समस्याओं का निदान होता है।

(ङ) लार ग्रंथि को पुष्ट कर पाचन आदि क्रिया को बढ़ाता है।

(च) इस आसन से भय, ग्लानि, आत्मविश्वास की कमी, झिझकना आदि विकृति सहज ही दूर हो जाती है।

(छ) संपूर्ण मुख ग्रीवा पेशियों का पर्याप्त व्यायाम होने से चेहरे पर कांति आती है।

सावधानियाँ

(1) घुटने की समस्या वाले व्यक्ति इन आसनों को नहीं करते या विशेषज्ञ की निगरानी में ही करते हैं।

(2) ये आसन अपने शरीर की क्षमता के अनुसार ही करते हैं।

अवलोकन

(1) 4 सप्ताह तक उपर्युक्त आसन करने के बाद उनके प्रभाव का अवलोकन करते हैं।

(2) प्रभावों के अनुसार 'हाँ' अथवा 'नहीं' लिखते हैं।

उदाहरण

प्रभाव	सप्ताह			
	सप्ताह 1	सप्ताह 2	सप्ताह 3	सप्ताह 4
पाचन तंत्र पर प्रभाव	नहीं	नहीं	हाँ	हाँ
मानसिक प्रभाव	नहीं	हाँ	हाँ	हाँ
पैर के दर्द में प्रभाव	नहीं	नहीं	हाँ	हाँ
मेरुदंड पर प्रभाव	नहीं	नहीं	हाँ	हाँ

परिणाम

उपर्युक्त आसनों को करने से पाचन तंत्र तथा मेरुदंड पर सकारात्मक प्रभाव पड़ता है। पैर के दर्द में आराम मिलता है तथा मन पर अच्छा प्रभाव पड़ता है।

टिप्पणी

स्वस्थ व्यक्ति को अपने स्वास्थ्य को बनाए रखने के लिए नियमित रूप से आसन करना चाहिए। अस्वस्थ व्यक्ति को चिकित्सक तथा योग विशेषज्ञ की सलाह से ही आसन करना चाहिए।

खड़े होकर किए जाने वाले आसनों का समूह

उद्देश्य–खड़े होकर किए जाने वाले आसनों के अभ्यास को पूरा करने के पश्चात् इनको करने तथा प्रदर्शित करने में निपुणता प्राप्त करना।

उपकरण/आवश्यक सामग्री–योग मैट्स, कुशन।

तैयारी

(1) आरामदायक ढीले, हल्के, सूती कपड़े पहनते हैं।

(2) अभ्यास शुरू करने से पूर्व बेल्ट, कलाई में बंधी घड़ी, पेन, पेंसिल आदि सामान निकालकर रख देते हैं।

(1) ताड़ासन

विधि

(क) सावधान अवस्था में खड़े हो जाते हैं।

(ख) दोनों हाथों को दीर्घ श्वास लेते हुए पार्श्वभाग से धीरे-धीरे ऊपर उठाते हैं।

(ग) भुजाओं को पूरा ऊपर की ओर खींचते हैं। पैरों की एड़ियाँ भी उठाते हैं। समस्त शरीर को तना कर रखते हैं।

(घ) श्वास छोड़ते हुए इसी क्रम में वापस आ जाते हैं। इसी प्रकार 3 से 5 चक्र करते हैं।

लाभ

(क) कद में वृद्धि होती है।

(ख) दीर्घ श्वास के परिणामस्वरूप वक्ष एवं फेफड़े सुदृढ़ तथा विस्तृत होते हैं।

(ग) संपूर्ण शरीर में स्फूर्ति, सक्रियता एवं संतुलन का निर्माण होता है।

(घ) पाचन तंत्र सक्रिय होता है और उदर विकास ठीक होते हैं।

(ङ) स्नायु मंडल सक्रिय होता है और रक्त प्रवाह सुधरता है।

(च) सुस्ती, निद्रा व अवसाद दूर होते हैं।

(छ) रीढ़ पर तनाव आने से कमर संबंधी व्याधियाँ दूर होती हैं।

(2) तिर्यक्ताड़ासन

विधि

(क) सबसे पहले ताड़ासन की स्थिति में श्वास छोड़ते हुए बाईं तरफ झुकते हैं।

(ख) खिंचाव अनुभव करते हैं।

(ग) अब श्वास लेते हुए बीच में आते हैं।

(घ) अब श्वास छोड़ते हुए दाहिनी तरफ झुकते हैं; ध्यान रखते हैं कि हाथ-भुजाएँ तने हुए सीधे रहें।

(ङ) कटिप्रदेश में, कंधास्थि में, हल्की पीड़ा महसूस होती है, दोनों ओर समान रूप से झुकते हैं।

(च) बाँहों, जाँघों, उदर और छाती की माँसपेशियों में सक्रियता अनुभव करते हैं।

(3) कटिचक्र आसन

विधि

(क) एक फुट तक दोनों पैरों को खोलकर सीधे खड़े हो जाते हैं।

(ख) कंधे की ऊँचाई तक दोनों हाथों को लाते हुए सामने ले आते हैं।

(ग) दोनों हाथों की हथेलियाँ इस अवस्था में आमने-सामने रहती हैं।

(घ) इसके पश्चात् कमर को मोड़ते हुए बाईं ओर घूमते हैं।

(ङ) इस अवस्था में बायाँ हाथ मोड़कर कम पर लगाते हैं और दायाँ हाथ आधा मोड़कर अपने वक्षस्थल पर लगाते हैं।

(च) इसका अभ्यास इसी प्रकार दूसरी तरफ से करते हैं।

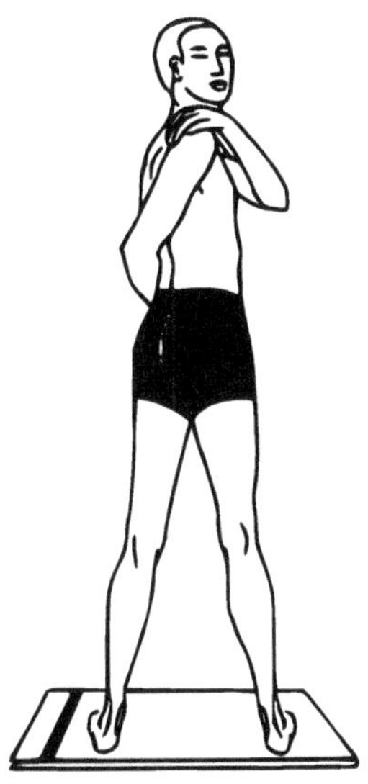

लाभ

(क) इसके अभ्यास से कमर रबड़ की तरह लचीली हो जाती है।

(ख) यह आसन भी शंख प्रक्षालन की क्रिया का महत्त्वपूर्ण आसन है।

(ग) महिलाओं व मधुमेह रोगियों के लिए अच्छा आसन है।

(घ) कंधे, बाजू व कमर पतली हो जाती है।

(4) गरुड़ासन

विधि

(क) सबसे पहले सीधे खड़े होकर बाएँ पैर की जंघा को दाएँ पैर की जंघा पर रखते हुए घुटनों और पिंडलियों से एक पैर को दूसरे पैर पर लपेट लेते हैं।

(ख) इसके बाद सीने के सामने दोनों बाजुओं को लाते हुए बाईं भुजा को दाईं भुजा पर रखते हुए आपस में लपेट लेते हैं।

(ग) इस अवस्था में दोनों हाथ गरुड़ की चोंच के समान बन जाते हैं।

(घ) फिर धीरे-धीरे नीचे झुकते हुए पैर के पंजों को जमीन पर रखने का प्रयत्न करते हैं।

लाभ

(क) जिनके शरीर में कंपन होती हो, उन्हें एवं पतले व्यक्तियों को इसके अभ्यास से लाभ मिलता है।

(ख) इस आसन के अभ्यास से जोड़ों का दर्द ठीक हो जाता है।

(ग) इसके अभ्यास से बढ़ा हुआ अंडकोष ठीक हो जाता है।

(घ) गठिया के रोगियों के लिए उपयोगी है।

सावधानियाँ

(1) घुटने की समस्या वाले व्यक्ति त्रिकोणासन और तिर्यक ताड़ासन को विशेषज्ञ की निगरानी में ही करते हैं।

(2) इस आसन को अपने शरीर की क्षमता के अनुसार करते हैं।

अवलोकन

(1) 4 सप्ताह तक उपर्युक्त आसन करने के पश्चात् उसके प्रभाव का अवलोकन करते हैं।

(2) प्रभावों के अनुसार 'हाँ' अथवा 'नहीं' लिखते हैं।

उदाहरण

प्रभाव	सप्ताह			
	सप्ताह 1	सप्ताह 2	सप्ताह 3	सप्ताह 4
माँसपेशियों में खिंचाव	हाँ	हाँ	हाँ	हाँ
मेरुदंड पर प्रभाव	नहीं	हाँ	हाँ	हाँ
शरीर में मजबूती का एहसास	नहीं	नहीं	हाँ	नहीं
कमर दर्द या पीठ की माँसपेशियों में आराम का अनुभव	नहीं	हाँ	हाँ	हाँ
वजन पर प्रभाव	नहीं	नहीं	हाँ	हाँ

परिणाम

उपर्युक्त आसनों को करने से शरीर मजबूत होता है, वजन कम होता है तथा कमर दर्द में आराम पड़ता है।

टिप्पणी

स्वस्थ व्यक्ति को अपने स्वास्थ्य को बनाए रखने के लिए नियमित रूप से आसन करना चाहिए। अस्वस्थ व्यक्ति को चिकित्सक तथा योग विशेषज्ञ की सलाह से ही आसन करना चाहिए।

होठों पर मुस्कान हर मुश्किल
कार्य को आसान कर देती है।

धन गया तो कुछ नहीं गया,
स्वास्थ्य गया तो थोड़ा सा गया,
अगर चरित्र गया तो सब कुछ ही चला गया।

जब हम क्रोध की अग्नि में जलते हैं
तो इसका धुआँ हमारी ही आँखों में जाता है।

सूर्य नमस्कार

उद्देश्य–सूर्य नमस्कार के अभ्यास को पूरा करने के पश्चात् सूर्य नमस्कार को करने तथा प्रदर्शित करने में निपुणता प्राप्त करना।

उपकरण/आवश्यक सामग्री–योग मैट, कुशन।

तैयारी

(1) आरामदायक ढीले, हल्के, सूती कपड़े पहनते हैं।

(2) अभ्यास शुरू करने से पूर्व बेल्ट, कलाई में बंधी घड़ी, सभी आभूषण, पेन, पेंसिल आदि सामान निकालकर रख देते हैं।

विधि–इस आसन के अंतर्गत निम्नलिखित आसनों को क्रमश: किया जाता है। यह आसन 12 स्थितियों में किया जाता है–

स्थिति 1 प्रणामासन–इस स्थिति में सूर्य की ओर मुख कर दोनों हाथ व पैर जोड़कर हाथों को प्रणाम की मुद्रा में छाती के समीप रखते हुए, शरीर व मन को शांत व शिथिल मुद्रा में रखते हुए धीरे-धीरे रेचक (वायु का फेफड़ों से बाहर निकालना) किया जाता है।

स्थिति 2 हस्तपादासन–इस स्थिति में दोनों हाथों को लंबा पूरक करते हुए ऊपर उठाकर पीछे की ओर ताना जाता है। इस समय हाथ एवं पीठ अधिकतम मात्रा में पीछे की ओर झुके हुए होते हैं तथा सिर भी पीछे की ओर झुका हुआ होता है। इस प्रकार शरीर की स्थिति अर्द्ध वृत्ताकार हो जाती है।

स्थिति 3 हलासन–इस आसन में दोनों हाथों को तानकर रेचक (श्वास को फेफड़ों से निष्कासन) करते हुए दोनों पैरों के बाजू में हथेलियों को टिकाया जाता है। हथेलियाँ भूमि की ओर खुली हुई होती हैं। जहाँ तक हो सके अपनी नासिका को घुटनों से स्पर्श कराने का प्रयास करते हैं। परंतु ऐसा एक साथ करना हमारे लिए संभव नहीं होता, अत: इसका क्रम से अभ्यास किया जाता है।

स्थिति 4 अश्व संचालन–इस आसन में सिर को ऊपर कर पूरक (श्वास को अंदर फेफड़ों की ओर खीचना) करते हुए दाहिने पैर को पीछे की ओर अँगूठे एवं घुटने को भूमि पर स्पर्श करते हुए प्रसरित किया जाता है (ताना जाता है)। बायाँ पैर एवं हाथों की स्थिति पूर्ववत्

बनी रहती है। इस अवस्था में सिर को पूर्ण रूप से ऊपर उठाते हुए तथा मेरुदंड को अधिकाधिक मोड़ते हुए अर्द्ध शरीर को अर्द्ध वृत्ताकार अवस्था में लाने का प्रयास किया जाता है। इस अवस्था में मुँह ऊपर उठता है तथा ग्रीवा और पृष्ठ भाग की स्थिति घोड़े की नाल के समान हो जाती है।

स्थिति 5 पर्वतासन–इस स्थिति के अंतर्गत दीर्घ रेचक करते हुए हाथों एवं दाहिने पैर को पूर्व स्थिति में रखते हुए सिर को नीचे झुकाकर बाएँ पैर को पीछे सीधा फैलाकर दाहिने पैर के बराबर किया जाता है। इस प्रकार दोनों पैरों की स्थिति समान हो जाती है। इस आसन में नितंब भाग को ऊपर उठाकर सिर को दोनों बाँहों के बीच में रखकर शरीर को लंबवत् तानते हुए कानों को भुजाओं की सीध में रखकर नाभि पर दृष्टि रखी जाती है तथा दोनों एड़ियों को भूमि पर स्थिर रखा जाता है।

स्थिति 6 अष्टांग नमस्कार–इस स्थिति में बहिर्कुम्भक (बाहर की ओर श्वांस निकालने की स्थिति) में हाथों एवं पैरों को पूर्व अवस्था में रखते हुए दोनों घुटनों को भूमि पर टिकाकर हाथों का सहारा देते हुए छाती एवं ठुड्डी का भूमि से स्पर्श किया जाता है। परंतु नितंब और उदर प्रदेश कुछ ऊपर की ओर उठे हुए रहते हैं।

चित्र 16.1: सूर्य नमस्कार

स्थिति 7 भुजंगासन–यह स्थिति दीर्घपूरक की स्थिति है। इस आसन में कटि प्रदेश को भूमि पर स्पर्श कराते हुए हाथों एवं पैरों को पूर्वावस्था में रखकर सिर को ऊपर उठाते हुए हाथों को सीधा तथा धड़ प्रदेश को सीधा किया जाता है। सिर तथा मेरुदंड को यथाशक्ति पीछे की ओर मोड़ते हुए अर्द्ध वृत्ताकार स्थिति बनाई जाती है।

स्थिति 8–अब साँस छोड़ते हुए हिप्स को ऊपर की ओर उठाते हैं। गर्दन और सिर दोनों हाथों के बीच रखते हैं। सिर को झुकाकर नाभि को देखते हैं। एड़ी जमीन से लगाते हैं।

स्थिति 9–दोबारा चौथी प्रक्रिया को अपनाते हैं लेकिन इसके लिए बाएँ पैर को आगे लाते हैं और गर्दन को पीछे की ओर झुकाते हुए स्ट्रेच करते हैं। घुटना छाती के सामने रहता है तथा पैर की एड़ी भूमि पर टिका कर रखते हैं। दृष्टि आकाश की ओर रहती है। श्वास अंदर भरकर रखते हैं।

स्थिति 10–श्वास बाहर निकालकर बाएँ पैर को दाएँ पैर के पास ले जाते हैं। चित्र के अनुसार हथेलियों से भूमि को स्पर्श करते हैं तथा सिर को घुटनों से लगाने का प्रयास करते हैं।

स्थिति 11–श्वास अंदर भरकर सामने से हाथों को खोलते हुए पीछे की ओर ले जाते हैं। दोनों हाथ कानों से सटे रहते हैं। दृष्टि आकाश की ओर रहती है। कमर को जितना संभव हो सके पीछे की ओर झुकाते हैं, इसे हस्तोत्तान आसन भी कहते हैं।

स्थिति 12–सूर्य की ओर मुख करके (पूर्व दिशा की ओर) खड़े होकर नमस्कार की स्थिति में हाथों को छाती के सामने रखते हैं।

सावधानियाँ

(1) इन आसनों को अपने शरीर की क्षमता के अनुसार ही करते हैं।

(2) साइटिका, स्लीपडिस्क, हृदय रोग, सर्वाइकल, स्पांडिलाइटिस व शरीर में अधिक सूजन से पीड़ित लोग तथा मासिक धर्म के दौरान इन आसनों को विशेषज्ञ के परामर्श से करते हैं।

लाभ

(1) सूर्य नमस्कार एक पूर्ण व्यायाम है जो संपूर्ण शरीर को पूर्ण आरोग्यता प्रदान करता है।

(2) यह शरीर के सभी अंगों, प्रत्यंगों को बलिष्ठ व निरोगी बनाता है।

(3) मेरुदंड व कमर को लचीला बनाता है और वहाँ आए विकारों को दूर करता है।

(4) यह उदर, आंत्र, आमाशय, अग्न्याश्य, हृदय और फेफड़ों को स्वस्थ करता है।

(5) शरीर के सभी अंगों की माँसपेशियाँ पुष्ट एवं सुंदर होती हैं।

(6) समस्त शरीर में रक्त का संचार, सुचारू रूप से करता है और रक्त की अशुद्धियों को दूर कर चर्म रोगों का विनाश करता है।

(7) सूर्य नमस्कार बल, तेज व ओज की वृद्धि करता है, मानसिक शांति प्राप्त होती है।

अवलोकन

(1) 4 सप्ताह तक उपर्युक्त आसन करने के बाद उनके प्रभाव का अवलोकन करते हैं।

(2) प्रभावों के अनुसार 'हाँ' अथवा 'नहीं' लिखते हैं।

उदाहरण

प्रभाव	सप्ताह			
	सप्ताह 1	**सप्ताह 2**	**सप्ताह 3**	**सप्ताह 4**
माँसपेशियों में खिंचाव	हाँ	हाँ	हाँ	हाँ
मेरुदंड पर प्रभाव	नहीं	नहीं	हाँ	हाँ
शरीर में मजबूती का एहसास	नहीं	हाँ	हाँ	हाँ
कमर दर्द या पीठ की माँसपेशियों में आराम का अनुभव	नहीं	नहीं	हाँ	हाँ
श्वसन पर प्रभाव	नहीं	नहीं	हाँ	हाँ
वजन पर प्रभाव	नहीं	नहीं	हाँ	हाँ
मानसपटल पर प्रभाव	नहीं	हाँ	हाँ	हाँ
आंतरिक स्थिरता	नहीं	नहीं	हाँ	हाँ

परिणाम

सूर्य नमस्कार करने से मन तथा शरीर पर सकारात्मक प्रभाव पड़ता है। कई रोगों से छुटकारा मिलता है।

टिप्पणी

स्वस्थ व्यक्ति को अपने स्वास्थ्य को बनाए रखने के लिए नियमित रूप से आसन करना चाहिए। अस्वस्थ व्यक्ति को चिकित्सक तथा योग विशेषज्ञ की सलाह से ही आसन करना चाहिए।

□□□

पीछे की ओर झुकने वाले आसन

उद्देश्य–पीछे की ओर झुकने वाले आसनों के अभ्यास को पूरा करने के पश्चात् इन आसनों को करने तथा इन्हें प्रदर्शित करने में निपुणता प्राप्त करना।

उपकरण/आवश्यक सामग्री–योग मैट, कुशन।

तैयारी

(1) आरामदायक ढीले, हल्के, सूती कपड़े पहनते हैं।

(2) अभ्यास शुरू करने से पूर्व बेल्ट, कलाई में बंधी घड़ी, सभी आभूषण, पेन, पेंसिल आदि सामान निकालकर रख देते हैं।

(1) भुजंगासन

विधि

(क) सबसे पहले पेट के बल लेट जाते हैं। हाथों की हथेलियाँ भूमि पर छाती के दोनों ओर रखते हैं। कोहनियाँ ऊपर उठी हुई तथा भुजाएँ छाती से सटी हुई होती हैं।

(ख) पैर सीधे तथा पंजे आपस में मिले हुए होते है। पंजे पीछे की ओर तने हुए भूमि पर टिके हुए होते हैं।

(ग) श्वास अंदर भरकर छाती एवं सिर को धीरे-धीरे ऊपर उठाते हैं। नाभि के पीछे वाला भाग भूमि पर टिका कर रखते हैं। सिर को ऊपर उठाते हुए ग्रीवा को जितना पीछे की ओर मोड़ सकते हैं, मोड़ते हैं। इस स्थिति में करीब 30 सेकेंड रहते हैं।

(घ) इस प्रकार उसकी यथाशक्ति आवृत्ति करते हैं। इसका अभ्यास होने के बाद इसी आसन को विस्तृत भुजंगासन एवं पूर्ण भुजंगासन के रूप में भी कर सकते हैं।

सावधानियाँ

(क) कमर दर्द में यह आसन लाभदायक होता है किंतु इसे विशेषज्ञ के साथ ही करते हैं।

(ख) हर्निया, हृदय रोग व उच्च रक्तचाप वाले व्यक्ति इन्हें नहीं करते या विशेषज्ञ के परामर्श से करते हैं।

(ग) इस आसन को अपने शरीर की क्षमता के अनुसार करते हैं।

लाभ

(क) सर्वाइकल, टॉसिल, स्पांडोलाइटिस व स्लिपडिस्क साईटिक जैसे समस्त मेरुदंड के रोगों के लिए महत्त्वपूर्ण आसन है।

(ख) उमंग, उत्साह और फूर्ति को बढ़ाता है, अवसाद को दूर करता है। रीढ़ और कमर में लचक आती हैं। सीना चौड़ा होता है। आँतों से मल का निवारण होता है।

(ग) कब्ज, अपच और वायु विकारों को दूर करता है।

(घ) मासिक धर्म संबंधी कष्ट और अनियमितता ठीक हो जाती है। पुरुषों की धातु क्षीणता को ठीक करता है।

(ङ) गुर्दों की कार्य क्षमता में वृद्धि होती है। स्त्रियों को सुंदर व सुडौल बनाता है।

(च) एड्रीनली हार्मोन का स्राव होता है। यह हार्मोस शक्ति एवं स्फूर्ति को बढ़ाता है।

(2) शलभासन

विधि

(क) सबसे पहले जमीन पर पेट के बल लेट जाते हैं और अपना माथा जमीन से लगाते हैं।

(ख) दोनों हाथ धड़ के साथ और जंघाओं के नीचे रखते हैं।

(ग) दोनों पाँव मिला लेते हैं।

(घ) श्वास भरते हुए धीरे-धीरे दायाँ पाँव उठाते हैं और श्वास बाहर निकालते हुए वापस जमीन पर ले आते हैं।

(ङ) इसी प्रकार बाएँ पाँव से करते हैं। (एकपादशलभासन)

(च) बाद में यही क्रिया दोनों पैरों से एक साथ करते हैं। (द्विपादशलभासन)

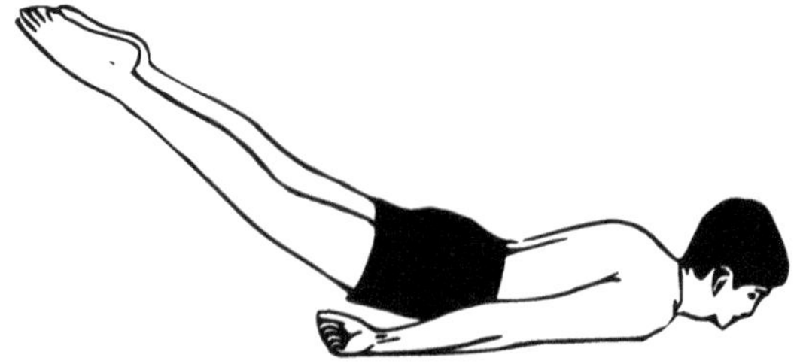

लाभ

(क) इससे छाती चौड़ी होती है और यह आसन कमर और मेरुदंड को लचीला बनाता है।

(ख) इससे पेट के कई रोग जैसे गैस, अम्लता, भूख न लगना, अपच, पेट में गड़गड़ाहट होना आदि दूर होते हैं और भूख बढ़ती है।

(ग) नाभि इस आसन के नियमित अभ्यास से अपनी जगह रहती है।

(घ) इससे पेट, जंघा और पैरों की माँसपेशियाँ सशक्त होती हैं।

(ङ) इससे जलोदर रोग (Dropsy) ठीक हो जाता है और भगंदर (fistula) रोग में भी लाभ होता है।

(3) धनुरासन

विधि

(क) सबसे पहले पेट के बल लेट जाते हैं। घुटनों से पैरों को मोड़ते हैं।

(ख) दोनों हाथों से पैरों को टखनों के पास से पकड़ते हैं।

(ग) श्वास अंदर भरकर घुटनों एवं जंघाओं को क्रमशः उठाते हुए ऊपर की ओर तानते हैं। पिछले हिस्से के उठने के पश्चात् पेट के ऊपरी भाग छाती, ग्रीवा एवं सिर को भी ऊपर उठाते हैं। नाभि एवं पेट के आस-पास का भाग भूमि पर ही टिके रहते हैं। शेष भाग ऊपर उठा हुआ रहता है। इस स्थिति में 10 से 30 सेकेंड तक रहते हैं।

(घ) श्वास छोड़ते हुए क्रमशः पूर्व स्थिति में आ जाते हैं।

लाभ

(क) मधुमेह के रोग को ठीक करता है और जठराग्नि को प्रदीप्त करता है।

(ख) मेरुदंड को लचीला एवं स्वस्थ बनाता है। सर्वाइकल, स्पोंडोलाइटिस, कमर दर्द एवं उदर रोगों में लाभदायक आसन है।

(ग) सूर्यकेंद्र (नाभि) टलना दूर करता है।

(घ) स्त्रियों की मासिक धर्म संबंधी विकृतियों में लाभदायक है।

(ङ) गुर्दों को पुष्ट करके मूत्र विकारों को दूर करता है। भय के कारण मूत्रस्राव होने जैसी स्थिति में लाभकारी है। रोग प्रतिरोधक तंत्र को मजबूत होने से आरोग्य बना रहता है।

अवलोकन

(1) 4 सप्ताह तक उपर्युक्त आसन करने के बाद उनके प्रभाव का अवलोकन करते हैं।

(2) प्रभावों के अनुसार 'हाँ' अथवा नहीं' लिखते हैं।

उदाहरण

प्रभाव	सप्ताह			
	सप्ताह 1	सप्ताह 2	सप्ताह 3	सप्ताह 4
पेट की माँसपेशियों में खिंचाव	हाँ	हाँ	हाँ	हाँ
मेरुदंड पर प्रभाव	नहीं	हाँ	हाँ	हाँ
शरीर में मजबूती का एहसास	नहीं	नहीं	हाँ	हाँ
कमर दर्द या पीठ की माँसपेशियों में आराम का अनुभव	नहीं	हाँ	हाँ	हाँ
वजन पर प्रभाव	नहीं	नहीं	हाँ	हाँ
बहिर्मुखी विचारों का अनुभव	नहीं	नहीं	नहीं	हाँ

परिणाम

उपर्युक्त आसन करने से शरीर मजबूत होता है, वजन कम होता है तथा बहिर्मुखी विचारों का अनुभव होता है।

टिप्पणी

स्वस्थ व्यक्ति को अपने स्वास्थ्य को बनाए रखने के लिए नियमित रूप से आसन करना चाहिए। अस्वस्थ व्यक्ति को चिकित्सक तथा योग विशेषज्ञ की सलाह से ही आसन करना चाहिए।

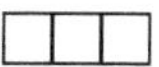

प्राणायाम के पूर्व किए जाने वाले अभ्यास

उद्देश्य–प्राणायाम के पहले किए जाने वाले अभ्यास को करने तथा प्रदर्शित करने में निपुणता प्राप्त करना।

उपकरण/आवश्यक सामग्री–योग मैट, कुशन आदि।

तैयारी

(1) आरामदायक ढीले, हल्के, सूती कपड़े पहनते हैं।

(2) अभ्यास शुरू करने से पूर्व बेल्ट, सभी आभूषण, कलाई में बंधी घड़ी, पेंसिल, पेन आदि सामान निकालकर रख देते हैं।

विधि

(1) अपनी नासिकाओं को अच्छी तरह से साफ कर लेते हैं।

(2) सुखासन, पदमासन, सिद्धासन आदि किसी भी आसन में बैठते हैं।

(3) धीरे-धीरे सुखपूर्वक दोनों नासिका से समान रूप से श्वास लेते हैं।

(4) श्वास लेने के साथ-साथ पेट को धीरे-धीरे फुलाते जाते हैं।

(5) पेट फुलाकर मन में 06 तक गिनती गिनने तक, श्वास अंदर रोके रखते हैं।

(6) अब धीरे-धीरे समान-भाव से श्वास छोड़ते हैं तथा पेट को सिकोड़ते जाते हैं।

(7) यदि हम चाहें तो श्वास को 06 गिनती गिनने तक बाहर भी रोक सकते हैं।

(8) इसी क्रम को तीन से पाँच मिनट तक सरलतापूर्वक करते हैं।

सावधानियाँ

(1) अभ्यास में जल्दबाजी नहीं करते।

(2) यदि अभ्यास के दौरान किसी प्रकार की पीड़ा या बेचैनी का अनुभव होता है तो अभ्यास बंद कर देते हैं।

लाभ

(1) इससे हम प्राणायाम के अभ्यास के लिए तैयार हो जाते हैं।

(2) हमारे शरीर को आराम की स्थिति में लाकर मन को शांत करता है।

(3) हमारे श्वास-प्रश्वास के लिए लाभदायक है।

(4) श्वसन तंत्र को शिथिल करता है।

अवलोकन

(1) 4 सप्ताह तक उपर्युक्त अभ्यास कर इसके प्रभाव का अवलोकन करते हैं।

(2) प्रभावों के अनुसार 'हाँ अथवा नहीं' लिखते हैं।

उदाहरण

प्रभाव	सप्ताह			
	सप्ताह 1	सप्ताह 2	सप्ताह 3	सप्ताह 4
एकाग्रता का अनुभव	नहीं	नहीं	हाँ	हाँ
श्वसन पर प्रभाव	नहीं	नहीं	हाँ	हाँ
शारीरिक शिथिलता का अनुभव	हाँ	हाँ	नहीं	नहीं
चेतना पर अनुभव	नहीं	नहीं	हाँ	हाँ
आंतरिक सजगता का अनुभव	नहीं	हाँ	हाँ	हाँ

परिणाम

उपर्युक्त प्राणायाम से एकाग्रता तथा आंतरिक सजगता बढ़ती है। श्वसन तथा चेतना में सुधार होता है।

टिप्पणी

(1) स्वस्थ व्यक्ति को अपने स्वास्थ्य को बनाए रखने के लिए नियमित रूप से प्राणायाम करना चाहिए।

(2) अस्वस्थ व्यक्ति चिकित्सक तथा योग विशेषज्ञ की सलाह से प्राणायाम कर सकता है।

जी.पी.एच. की पुस्तकों का मुख्य उद्देश्य ज्ञान के साथ-साथ अच्छे नम्बर दिलाना है।

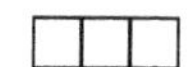

नाड़ी-शोधन प्राणायाम

उद्देश्य–नाड़ी-शोधन प्राणायाम को पूरा करने के पश्चात् इसको करने तथा प्रदर्शित करने में निपुणता प्राप्त करना।

उपकरण/आवश्यक सामग्री–योग मैट, कुशन आदि।

तैयारी

(1) आरामदायक ढीले, हल्के, सूती कपड़े पहनते हैं।

(2) अभ्यास शुरू करने से पूर्व बेल्ट, कलाई में बंधी घड़ी, पेन, पेंसिल आदि सामान निकालकर रख देते हैं।

नाड़ी-शोधन प्राणायाम

स्थिति

(1) पद्मासन या सुखासन में बैठ जाते हैं;

(2) मेरुदंड को सीधा रखते हैं;

(3) आँखें कोमलता से बंद कर लेते हैं;

(4) बायाँ हाथ बाएँ घुटने पर रखते हैं;

(5) दाहिने हाथ की अनामिका अंगुली बाएँ नासिका रंध्र पर तथा अंगूठा दाहिने नासिका रंध्र पर रखते हैं।

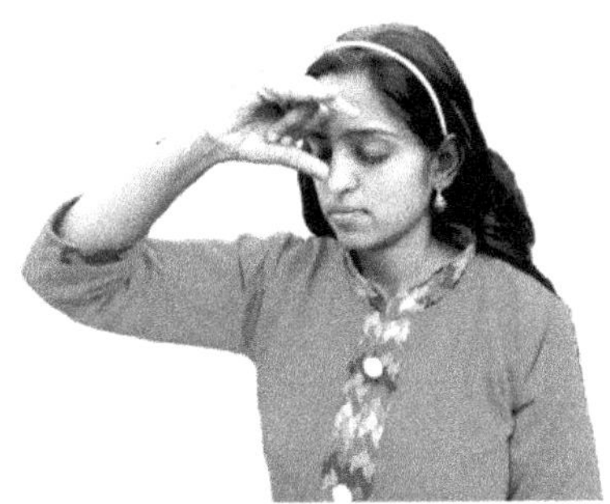

विधि

(1) बाएँ नासिका रंध्र से 08 गिनती तक मन में गिनते हुए श्वास भरते हैं।

(2) मन में 32 गिनती गिनने तक श्वास अंदर रोकते हैं।

(3) बाएँ नासिका रंध्र को बंद करते हैं और दाहिने नासिका रंध्र से 16 गिनती मन में गिनते हुए तक श्वास बाहर छोड़ते हैं।

(4) अब दाहिनी नासिका रंध्र से 08 गिनने तक श्वास लेते हैं।

(5) फिर 32 गिनती गिनने तक श्वास अंदर रोकते हैं। इसे अंत:कुंभक कहते हैं।

(6) अब बाएँ नासिका रंध्र से 16 गिनती गिनने तक श्वास छोड़ते हैं।

सावधानियाँ

(1) अभ्यास में जल्दबाजी नहीं करते।

(2) इस अभ्यास को हृदय रोग, उच्च रक्तचाप, मिर्गी की समस्या वाले लोग कुंभक के साथ नहीं करते।

(3) यदि अभ्यास के दौरान किसी प्रकार की पीड़ा या बेचैनी का अनुभव होता है तो अभ्यास बंद कर देते हैं।

(4) श्वास लेने व छोड़ने के लिए जोर नहीं लगाते।

लाभ

(1) शरीर में प्राण के संचार में सहायक होता है।

(2) यह मानसिक थकान को दूर करता है।

(3) नाड़ियों को शुद्ध करता है।

(4) यह श्वसन तंत्र व तंत्रिका तंत्र को संतुलित करता है।

(5) हाइपरटेंशन, पार्किंसन, मधुमेह, अस्थमा आदि रोगों के उपचार में लाभदायक है।

अवलोकन

(1) 4 सप्ताह तक उपर्युक्त प्राणायाम कर उनके प्रभाव का अवलोकन करते हैं।

(2) प्रभावों के अनुसार 'हाँ अथवा नहीं' लिखते हैं।

उदाहरण

प्रभाव	सप्ताह			
	सप्ताह 1	सप्ताह 2	सप्ताह 3	सप्ताह 4
एकाग्रता का अनुभव	नहीं	नहीं	हाँ	हाँ
श्वसन पर प्रभाव	नहीं	हाँ	हाँ	हाँ
शारीरिक शिथिलता का अनुभव	हाँ	हाँ	नहीं	नहीं
चेतना पर प्रभाव	नहीं	नहीं	हाँ	हाँ
आंतरिक सजगता का अनुभव	नहीं	नहीं	हाँ	हाँ

परिणाम

उपर्युक्त प्राणायाम से एकाग्रता तथा आंतरिक सजगता का अनुभव होता है। श्वसन तथा चेतना में सुधार होता है।

टिप्पणी

(1) स्वस्थ व्यक्ति को अपने स्वास्थ्य को बनाए रखने के लिए नियमित रूप से प्राणायाम करना चाहिए।

(2) अस्वस्थ व्यक्ति चिकित्सक तथा योग विशेषज्ञ की सलाह से प्राणायाम कर सकता है।

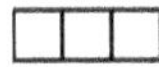

क्रोध एक प्रचंड अग्नि है,
जो मनुष्य इस अग्नि को वश में
कर सकता है, वह उसे बुझा देगा।
जो मनुष्य अग्नि को वश में नहीं
कर सकता, वह
स्वयं अपने को जला लेगा।

शीतली प्राणायाम

उद्देश्य–इस शीतली प्राणायाम को पूरा करने के बाद इसको करने तथा प्रदर्शित करने में निपुणता प्राप्त करना।

उपकरण/आवश्यक सामग्री–योग मैट, कुशन आदि।

तैयारी

(1) आरामदायक ढीले, हल्के, सूती कपड़े पहनते हैं।

(2) अभ्यास शुरू करने से पूर्व बेल्ट, कलाई में बंधी घड़ी, सभी आभूषण, पेन, पेंसिल आदि सामान निकालकर रख देते हैं।

स्थिति

(1) पद्मासन या सुखासन में बैठ जाते हैं।

(2) पीठ सीधा रखते हुए शरीर को ढीला रखते हैं।

(3) जिह्वा को बाहर निकालकर नाली की तरह बना लेते हैं।

(4) खड़े होकर भी कर सकते हैं।

विधि

(1) जीभ को बाहर निकालकर उसे दोनों ओर से मोड़कर कौए की चोंच जैसा बनाते हैं। होठों की आकृति अंग्रेजी के अक्षर O जैसी बनाने से जीभ के दोनों किनारे मुड़कर नाली जैसे बन जाते हैं। शुरू-शुरू में यह अभ्यास दर्पण में देखकर करते हैं।

(2) इसी चोंच जैसी बनी जीभ से वायु को अंदर खींचते हैं।

(3) प्रतिदिन 15-30 बार इसका अभ्यास करते हैं।

सावधानियाँ

(1) इस अभ्यास को निम्न रक्तचाप, श्वसन संबंधी रोग जैसे अस्थमा, ब्रोंकाइटिस की समस्या वाले लोग नहीं करते।

(2) अभ्यास करने में जल्दबाजी नहीं करते।

(3) यदि अभ्यास के दौरान किसी प्रकार की पीड़ा या बेचैनी का अनुभव होता है तो अभ्यास बंद कर देते हैं।

(4) इसे शीत ऋतु में नहीं करते।

लाभ

(1) शीत्कारी और शीतली दोनों ही प्राणायाम शरीर को शीतलता पहुँचाते हैं। चर्मरोग एवं पित्र के विकार ठीक होते हैं।

(2) स्वरतंतु स्वस्थ होकर वाणी सुरीली बनती है।

(3) ग्रीष्म ऋतु में प्यास लगने पर जल के अभाव में शीतली तृष्णा को शांत किया जा सकता है।

(4) शरीर में प्राण के संचार में सहायक होता है।

(5) यह हमारी मानसिक और भावनात्मक उत्तेजनाओं को शांत करता है।

अवलोकन

(1) 4 सप्ताह तक उपर्युक्त प्राणायाम कर उसके प्रभाव का अवलोकन करते हैं।

(2) प्रभावों के अनुसार 'हाँ अथवा नहीं' लिखते हैं।

उदाहरण

प्रभाव	सप्ताह			
	सप्ताह 1	सप्ताह 2	सप्ताह 3	सप्ताह 4
एकाग्रता का अनुभव	नहीं	नहीं	हाँ	हाँ
श्वसन पर प्रभाव	नहीं	नहीं	हाँ	हाँ
शारीरिक शीतलता का अनुभव	नहीं	हाँ	हाँ	हाँ
चेतना पर प्रभाव	नहीं	हाँ	हाँ	हाँ
आंतरिक सजगता का अनुभव	नहीं	नहीं	हाँ	हाँ

परिणाम

उपर्युक्त प्राणायाम से एकाग्रता, शारीरिक शीतलता तथा आंतरिक सजगता का अनुभव होता है। श्वसन तथा चेतना में सुधार होता है।

टिप्पणी

(1) स्वस्थ व्यक्ति को अपने स्वास्थ्य को बनाए रखने के लिए नियमित रूप से प्राणायाम करना चाहिए।

(2) अस्वस्थ व्यक्ति चिकित्सक तथा योग विशेषज्ञ की सलाह से प्राणायाम कर सकता है।

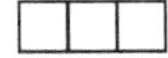

भ्रामरी प्राणायाम

उद्देश्य–इस प्राणायाम को पूरा करने के पश्चात् इसे करने तथा प्रदर्शित करने में निपुणता प्राप्त करना।

उपकरण/आवश्यक सामग्री–योग मैट, कुशन।

तैयारी

(1) आरामदायक ढीले, हल्के, सूती कपड़े पहनते हैं।

(2) अभ्यास शुरू करने से पूर्व बेल्ट, कलाई में बंधी घड़ी, सभी आभूषण, पेन, पेंसिल आदि सामान निकालकर रख देते हैं।

भ्रामरी प्राणायाम

स्थिति

(1) पद्मासन, वज्रासन या सिद्धासन में बैठते हैं।

(2) मेरुदंड सीधा रखते हैं।

(3) आँखें कोमलता से बंद कर लेते हैं।

(4) दोनों हाथों की तर्जनी से दोनों कान बंद कर लेते हैं।

विधि

(1) श्वास भीतर लेते समय कष्ठकूप के समीप वाले भाग से भ्रमर के समान आवाज करते हुए पूरक करते हैं।

(2) अल्पकाल के कुंभक के पश्चात् या बिना किए ही श्वास को भवरे के जैसे ऊँ ऊँ ऊँ का स्वर निकालते हुए धीरे-धीरे छोड़ते हैं। सारी प्रक्रिया में मुख को बंद करके नासिका से स्वर निकालते हैं।

सावधानियाँ

(1) इस प्राणायाम को करने में जल्दबाजी नहीं करते।

(2) यदि अभ्यास के दौरान किसी प्रकार की पीड़ा या बेचैनी का अनुभव होता है तो अभ्यास बंद कर देते हैं।

(3) जिन्हें कान का संक्रमण है, वे भ्रामरी प्राणायाम नहीं करते।

(4) जो अंत:मुखी स्वभाव के हैं, वे उज्जयी प्राणायाम नहीं करते।

लाभ

(1) यह कान, नाक, गले की बीमारियों में लाभदायक है।

(2) यह उच्च रक्तचाप और उदर अम्लता को कम करने में सहायक है।

(3) जिन्हें नींद न आने की समस्या है उनके लिए यह प्राणायाम लाभकारी है।

(4) यह हमारे शरीर को शिथिल और मन को शांत करता है।

अवलोकन

(1) 4 सप्ताह तक उपर्युक्त प्राणायाम करके उसके प्रभाव का अवलोकन करते हैं।

(2) प्रभावों के अनुसार 'हाँ अथवा नहीं' लिखते हैं।

उदाहरण

प्रभाव	सप्ताह			
	सप्ताह 1	सप्ताह 2	सप्ताह 3	सप्ताह 4
एकाग्रता का अनुभव	नहीं	नहीं	हाँ	हाँ
श्वसन पर प्रभाव	नहीं	नहीं	हाँ	हाँ
शारीरिक शिथिलता का अनुभव	हाँ	हाँ	नहीं	नहीं
चेतना पर प्रभाव	नहीं	हाँ	हाँ	हाँ
आंतरिक सजगता का अनुभव	नहीं	नहीं	हाँ	हाँ
मानसपटल पर प्रभाव	नहीं	नहीं	नहीं	हाँ

परिणाम

उपर्युक्त प्राणायाम करने से एकाग्रता तथा आंतरिक सजगता का अनुभव होता है तथा श्वसन चेतना और मानसपटल पर अच्छा प्रभाव पड़ता है।

टिप्पणी

(1) स्वस्थ व्यक्ति को अपने स्वास्थ्य को बनाए रखने के लिए नियमित रूप से प्राणायाम करना चाहिए।

(2) अस्वस्थ व्यक्ति चिकित्सक तथा योग विशेषज्ञ की सलाह से प्राणायाम कर सकता है।

भस्त्रिका प्राणायाम

उद्देश्य–भस्त्रिका प्राणायाम को पूरा करने के पश्चात् इसे करने तथा प्रदर्शित करने में निपुणता प्राप्त करना।

उपकरण/आवश्यक सामग्री–योग मैट, कुशन आदि।

तैयारी

(1) आरामदायक ढीले, हल्के, सूती कपड़े पहनते हैं।

(2) अभ्यास शुरू करने से पूर्व बेल्ट, कलाई में बंधी घड़ी, सभी आभूषण, पेन, पेंसिल आदि सामान निकालकर रख देते हैं।

भस्त्रिका प्राणायाम

स्थिति

(1) पद्मासन में बैठ जाते हैं।

(2) सिर, ग्रीवा तथा शरीर को एक सीध में रखते हैं।

(3) मुँह को बंद कर लेते हैं।

विधि

(1) पद्मासन में सीधे बैठते हैं। इस प्राणायाम में पद्मासन ही उपयुक्त रहता है। हाथ घुटनों पर टिकाकर स्थिर कर लेते हैं।

(2) बलपूर्वक श्वास को भीतर लेते हैं और उसी प्रकार बाहर निकालते हैं। श्वास की प्रक्रिया में छाती, कंधे, पसलियाँ विकसित तथा संकुचित होते हैं। श्वास निकालते समय आगे की ओर झुकना मना है। मुख की आकृति नहीं बिगाड़ते हैं।

(3) इस प्रकार 10 से 20 श्वास के धक्के बाहर और भीतर लगाते हैं।

(4) अंतिम धक्के के पश्चात् दाहिने स्वर से पूरक करके कुंभक करते हैं। कुंभक के पश्चात् बाएँ स्वर से रेचक द्वारा श्वास को निकाल देते हैं। यह एक चक्र पूरा होता है। ऐसे तीन चक्र पूरे करते हैं।

सावधानियाँ

(1) यदि अभ्यास के दौरान चक्कर, अधिक पसीना आए तो इसका तात्पर्य है कि अभ्यास सही ढंग से नहीं हो रहा है इसलिए अभ्यास बंद कर देते हैं।

(2) हृदय रोग, उच्च रक्तचाप, उच्च अम्लता, हर्निया, अलसर जैसी समस्याओं में इसका अभ्यास नहीं करते।

(3) अभ्यास के दौरान चेहरे की पेशियों को शिथिल बनाए रखते हैं।

(4) अधिक तापमान की स्थिति में इसे नहीं करते।

(5) इसे अपनी क्षमता के अनुसार करते हैं।

(6) इसे करने में जल्दबाजी नहीं करते।

लाभ

(1) इससे नजला, जुकाम, गले तथा अन्य कफ रोग दूर होते हैं।

(2) यह हमारे शरीर के विषाक्त तत्त्वों को जला देता है।

(3) पेट की चर्बी को कम करता है।

(4) चयापचय की क्रिया को सुचारू बनाता है।

(5) दमा व फेफड़े के रोगी के लिए लाभदायक है।

(6) मन शांत होता है।

अवलोकन

(1) 4 सप्ताह तक उपर्युक्त प्राणायाम करके उसके प्रभाव का अवलोकन करते हैं।

(2) प्रभावों के अनुसार 'हाँ अथवा नहीं' लिखते हैं।

उदाहरण

प्रभाव	सप्ताह			
	सप्ताह 1	सप्ताह 2	सप्ताह 3	सप्ताह 4
ऊर्जा के स्तर में वृद्धि	नहीं	हाँ	हाँ	हाँ
श्वसन पर प्रभाव	नहीं	नहीं	हाँ	हाँ
पाचन तंत्र पर प्रभाव	नहीं	हाँ	हाँ	हाँ
मनशक्ति पर प्रभाव	नहीं	नहीं	हाँ	हाँ
मानसपटल पर प्रभाव	नहीं	नहीं	नहीं	हाँ

परिणाम

उपर्युक्त प्राणायाम से ऊर्जा के स्तर में वृद्धि होती है तथा श्वसन, पाचन तंत्र, मनशक्ति तथा मानसपटल पर अच्छा प्रभाव पड़ता है।

टिप्पणी

(1) स्वस्थ व्यक्ति को अपने स्वास्थ्य को बनाए रखने के लिए नियमित रूप से प्राणायाम करना चाहिए।

(2) अस्वस्थ व्यक्ति चिकित्सक तथा योग विशेषज्ञ की सलाह से प्राणायाम कर सकता है।

□□□

योगनिद्रा

उद्देश्य–योगनिद्रा अभ्यास को पूरा करने के पश्चात् स्वयं योगनिद्रा करने और दूसरों को कराने में निपुणता प्राप्त करना।

उपकरण/आवश्यक सामग्री–योग मैट तथा ओढ़ने के लिए पतला चादर आदि।

तैयारी

(1) आरामदायक ढीले, हल्के, सूती कपड़े पहनते हैं।

(2) अभ्यास शुरू करने से पूर्व बेल्ट, कलाई में बंधी घड़ी, सभी आभूषण, पेन, पेंसिल आदि सामान निकालकर रख देते हैं।

विधि

(1) शांति से शवासन में सीधे लेट जाते हैं। दोनों पैर इतनी दूरी पर रखते हैं कि वो आपस में एक-दूसरे को न छुएँ व हम आराम महसूस कर सकें। हथेली कमर से कुछ दूरी पर रखते हैं। आँखें बंद कर लेते हैं। शरीर को हिलाते नहीं हैं। यह एक मनोवैज्ञानिक नींद है, विचारों से जूझना नहीं है।

(2) अपने शरीर व मन-मस्तिष्क को शिथिल कर लेते हैं। सिर से पाँव तक पूरे शरीर को शिथिल कर लेते हैं। पूरी साँस लेते व छोड़ते हैं। अब कल्पना करते हैं कि हम समुद्र के किनारे लेटकर योगनिद्रा कर रहे हैं और हाथ, पाँव, पेट, गर्दन, आँखें सब शिथिल हो गए हैं।

(3) अपने आप से कहते हैं कि मैं योगनिद्रा का अभ्यास करने जा रहा हूँ। योगनिद्रा में अच्छे कार्यों के लिए या अपनी कोई बुरी आदत को छोड़ने का संकल्प भी लिया जाता है। योगनिद्रा में किया गया संकल्प बहुत ही शक्तिशाली होता है। अब लेटे-लेटे दस बीस बार पूरी साँस लेते व छोड़ते हैं। इसमें पेट व छाती चलती है। पेट ऊपर-नीचे होता है। अब अपने इष्टदेव का ध्यान करते हैं और मन में संकल्प दोहराते हैं।

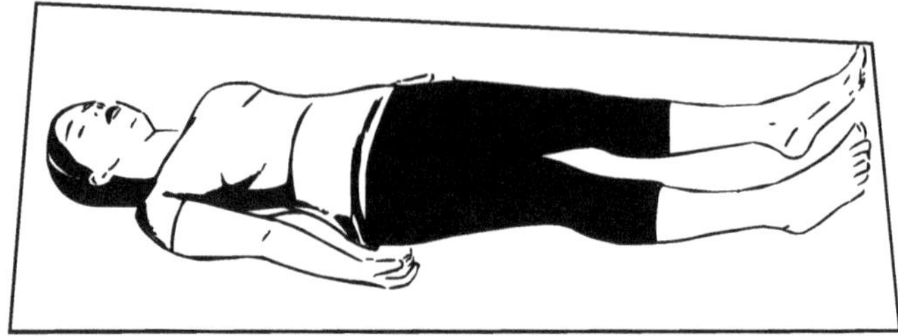

(4) अब अपने मन को शरीर के विभिन्न अंगों पर ले जाते हैं और उन्हें शिथिल व तनावरहित होने का निर्देश देते हैं। सबसे पहले अपने मन को दाहिने पैर के अंगूठे पर ले जाते हैं। पाँव की सभी उंगलियाँ, पाँव का तलवा, एड़ी, पिंडली, घुटना, जांघ, नितंब, कमर और कंधा शिथिल होने लगते हैं। इसी तरह बायाँ पैर भी शिथिल करते हैं। सहज साँस लेते व छोड़ते हैं।

(5) कल्पना करते हैं कि ब्रह्मांड में व्याप्त प्राण ऊर्जा के बादल हमारे शरीर में श्वास के माध्यम से जा रहे हैं वो अंदर जाकर पूरे शरीर में समा रहे हैं और शरीर के अंगों से समस्त समस्याएँ अशुद्ध वायु के रूप में हमारे श्वास छोड़ते समय शरीर से बाहर जा रही हैं।

(6) अब मन को अपने दाहिने हाथ के अंगूठे, सभी उंगलियों पर ले जाते हैं। अब उसे कलाई, कोहनी, भुजा व कंधे पर ले जाते हैं।

(7) अब हम अनुभव करते हैं कि हमारा शरीर फूल के समान हल्का हो चुका है। मेरे चारों ओर सुगंधि फैली हुई है। मैं अब दिव्य तरंगों से अभिभूत हो चुका हूँ। मैं पूर्ण शांत हूँ। मैं आनंदित हूँ।

अब अंत में दाहिने करवट से उठकर बैठ जाते हैं। अभी आँखें नहीं खोलते हैं। पीठ सीधा रखते हुए हाथ जोड़कर अपने ईष्ट की प्रार्थना करते हैं और अपने को नई चेतना के साथ शुभ कर्मों के लिए तैयार रखते हैं।

सावधानियाँ

(1) योगनिद्रा के अभ्यास को किसी सक्षम योग शिक्षक के निर्देशन में ही करते हैं।

(2) सोते नहीं हैं।

(3) योगनिद्रा का अभ्यास करते समय लगातार सजग रहते हैं।

(4) शारीरिक स्थिरता बनाए रखते हैं।

(5) झटके से नहीं उठते हैं।

(6) आँखें बंद रखते हैं।

(7) ध्यान देते हैं कि अभ्यास के दौरान कोई व्यवधान उत्पन्न न हो।

लाभ

(1) इससे शरीर को पूर्ण आराम मिलता है और सभी आंतरिक प्रणालियों पर नियंत्रण होता है।

(2) इससे शारीरिक, मानसिक और भावनात्मक तनाव दूर होते हैं।

(3) इस अभ्यास से हम अपनी बुरी आदतों को और अन्य किसी प्रकार के भय को दूर कर सकते हैं।

(4) योगनिद्रा के अभ्यास से क्रियात्मक क्षमताओं में वृद्धि होती है।

(5) यह हमारे चक्रों को जागृत करने में सहायक है।

(6) यह हमें धारणा और ध्यान के लिए तैयार करता है।

(7) इसमें उच्च स्तरीय चेतना का अनुभव प्राप्त होता है।

अवलोकन

(1) 4 सप्ताह तक उपर्युक्त अभ्यास करने के बाद उसके प्रभावों का अवलोकन करते हैं।

(2) प्रभावों के अनुसार 'हाँ अथवा नहीं' लिखते हैं।

उदाहरण

प्रभाव	सप्ताह			
	सप्ताह 1	सप्ताह 2	सप्ताह 3	सप्ताह 4
शरीर में प्रभाव	नहीं	हाँ	हाँ	हाँ
श्वसन पर प्रभाव	नहीं	नहीं	हाँ	हाँ
मानसिक शांति और स्थिरता	नहीं	हाँ	हाँ	हाँ
आंतरिक सजगता में प्रभाव	नहीं	हाँ	हाँ	हाँ
मानसपटल पर प्रभाव	नहीं	नहीं	हाँ	हाँ
आध्यात्मिक चेतना का अनुभव	नहीं	नहीं	हाँ	हाँ
हमारे शरीर और मन में सकारात्मक प्रभाव	नहीं	नहीं	हाँ	हाँ

परिणाम

योगनिद्रा से हमारे शरीर और मन पर सकारात्मक प्रभाव पड़ता है। आध्यात्मिक चेतना का अनुभव होता है।

टिप्पणी

(1) स्वस्थ व्यक्ति को अपने स्वास्थ्य को बनाए रखने के लिए नियमित रूप से प्राणायाम करना चाहिए।

(2) अस्वस्थ व्यक्ति चिकित्सक तथा योग विशेषज्ञ की सलाह से प्राणायाम कर सकता है।

प्रैक्टिकल मैनुअल
भाग 2

हाथों को साबुन व पानी से धोना

उद्देश्य–हाथों को धोने की सही तकनीक सीखना।

आवश्यक सामग्री–साबुन/डिटर्जेंट, साबुन-दानी, पानी की उचित व्यवस्था, नाखून साफ करने का ब्रश; प्रयोज्य/पुन: प्रयोग किए जाने वाला तौलिया।

विधि–(1) सबसे पहले बहते हुए साफ पानी के नीचे अपने दोनों हाथों को रगड़ते हैं। इससे उंगलियों व हाथों से धूल तथा सूक्ष्म जीवाणु निकल जाते हैं।

(2) फिर अपने हाथों में साबुन लगाकर, दोनों हथेलियों को रगड़ते हैं।

(3) अपनी उंगलियों, अंगूठों और उनकी बीच की त्वचा और हाथ के पीछे के हिस्से को भी रगड़ते हैं।

(4) अपने नाखूनों को ब्रश की सहायता से साफ करते हैं।

(5) अपने हाथों को लगभग 40 सेकेंड से 1 मिनट तक रगड़ने के बाद बहते हुए साफ पानी में बाजुओं से हाथों तक साफ करते हैं। इससे हाथों से जीवाणु व साबुन अच्छी तरह से निकल जाते हैं।

(6) अंत में साफ तौलिए या पेपर टॉवल से सुखा लेते हैं।

चित्र 1.1: हाथों को धोने का तरीका

अवलोकन–अपने किसी सहपाठी की हाथ धोने की प्रक्रिया का अवलोकन करना व कक्षा में चर्चा करना।

परिणाम–मैंने अपने एक सहपाठी का हाथ धोते हुए अवलोकन किया। मैंने यह देखा कि वह सिर्फ अपने एक हाथ को ही धो रहा है। यह तरीका सही नहीं है।

महत्त्वपूर्ण बिंदु–संक्रमण से बचने के लिए हाथों को बाजुओं तक साफ रखना चाहिए।

लाभ–हाथों की सफाई रखने से, हम–

(1) रोगियों के मध्य क्रॉस-संक्रमण से बच सकते हैं।

(2) रोगियों में संक्रमण के फैलाव को रोक सकते हैं।

(3) स्वास्थ्य कार्यकर्त्ता के संक्रमण के जोखिम को कम कर सकते हैं।

नोट–निम्नलिखित स्थितियों में हाथों को धोना अत्यंत आवश्यक है–

(1) रोगी को दवा, इंजेक्शन देने से पूर्व और पश्चात्।

(2) रोगी को खाना खिलाने से पूर्व और पश्चात्।

(3) चिकित्सीय उपकरणों के साथ कार्य करने से पूर्व और पश्चात्।

(4) दस्ताने/गाउन को पहनने व उतारने से पहले।

(5) शरीर के तरल या उत्सर्ग (excreta) की व्यवस्था करने से पूर्व और पश्चात्।

(6) चोट, घाव, ड्रैसिंग आदि पर कार्य करने से पूर्व तथा पश्चात्।

(7) किसी रोगी के संपर्क में आने/जाँच करने से पूर्व तथा पश्चात्।

(8) डिस्पेंसरी/स्वास्थ्य/केंद्र/अस्पताल/कार्य के स्थान आदि पर पहुँचते तथा वहाँ से निकलते समय।

क्लोरिनेशन द्वारा पानी का शुद्धिकरण

उद्देश्य–क्लोरिनेशन (chlorination) पद्धति द्वारा पानी का शुद्धिकरण करना।

आवश्यक सामग्री–ब्लीचिंग पाउडर, प्लास्टिक की बाल्टी, स्टॉक सोल्यूशन को रखने के लिए ढक्कन-युक्त प्लास्टिक कन्टेनर, मटका या ढक्कन-युक्त प्लास्टिक की बाल्टी, जिसमें नल लगा हो, बड़ा चम्मच, एक बड़ी डंडी या छड़ी।

विधि–(1) कार्बनिक अशुद्धियों से बचने के लिए क्लोरीनीकरण से पहले पानी को छान लेते हैं तथा संकलित कर लेते हैं।

(2) ब्लीचिंग पाउडर (Bleaching Powder) को एक हवा बंद कंटेनर में रखते हैं। इस कंटेनर को अंधेरे, ठंडे तथा शुष्क स्थान पर रखते हैं।

(3) एक लीटर पानी में 40 ग्राम (तीन बड़े चम्मच) ब्लीचिंग पाउडर मिलाते हैं जिससे 1% घोल तैयार हो जाता है। इसे छड़ी/डंडी की सहायता से मिलाते हैं और इस स्टॉक घोल को $1\frac{1}{2}$ घंटे के लिए छोड़ देते हैं। जब स्थूल पदार्थ (Solid) कंटेनर के तले में बैठ जाएगा, तब साफ घोल का प्रयोग किया जा सकता है।

(4) साफ क्लोरीन स्टॉक घोल को किसी अन्य पात्र में एकत्र कर लेते हैं और इसे ठंडे व अंधेरे स्थान पर रख लेते हैं।

(5) एक लीटर पानी में क्लोरीन स्टॉक घोल की तीन बूंदें मिलाकर पानी का क्लोरिनेशन करते हैं।

(6) इस घोल को तत्काल तथा अच्छी तरह से मिला लेते हैं। प्रयोग से पूर्व इसे 1 घंटे के लिए छोड़ देते हैं।

(7) इस विसंक्रमित (disinfected) पानी को नल युक्त एक साफ प्लास्टिक की बाल्टी में एकत्र कर लेते हैं।

(8) यदि पानी अत्यधिक रंगीन है या उसमें गंध आ रही है तो इसके क्लोरिनेशन के लिए पानी की बाल्टी में 6 बूँदें क्लोरीन स्टॉक घोल को मिला लेते हैं।

नोट–पानी का शुद्धिकरण सुरक्षित तथा पर्याप्त पेय जल उपलब्ध कराने के लिए किया जाता है ताकि भोजन व जल से होने वाले रोगों से बचा जा सके।

आजकल बाजार में क्लोरीन की गोलियाँ उपलब्ध हैं जिन्हें घर पर ही पानी में मिलाकर आसानी से पानी को शुद्ध किया जा सकता है। इनका प्रयोग शीशी में दिए गए निर्देशों के अनुसार किया जाना चाहिए। ये गोलियाँ स्वास्थ्य केंद्रों, डिस्पेंसरियों में उपलब्ध हैं और इन्हें कैमिस्ट से खरीदा भी जा सकता है।

अवलोकन—पानी की जाँच करके अवलोकन करना कि कहीं उसमें किसी प्रकार का गाद (sediment) तथा रंग तो नहीं है।

परिणाम—क्लोरिनेशन पद्धति द्वारा पानी का शुद्धिकरण करके यह निष्कर्ष निकला कि क्लोरिनेशन घर में पानी के शुद्धिकरण की सर्वाधिक सामान्य तकनीक है।

कुछ महत्त्वपूर्ण बिंदु

(1) पानी को साफ स्रोत से प्राप्त करने का प्रयास करते हैं।

(2) पानी निकालने के लिए हैंडल वाले ग्लास का प्रयोग करते हैं। साफ पानी निकालते समय पात्र में सीधे ग्लास या हाथों को नहीं डालते।

(3) पानी को साफ तथा गंदगी (turbidity) से मुक्त होना चाहिए क्योंकि गंदगी क्लोरिनेशन को प्रभावित करती है।

(4) यदि पानी में कुछ गाद (sediments) नजर आता है तो पानी को छान लेते हैं।

(5) यदि पानी अत्यधिक प्रदूषित है तो इसमें क्लोरीन की अधिक मात्रा मिलाई जाती है।

गर्भवती महिला के प्रसव की संभावित तारीख का परिकलन

उद्देश्य–अंतिम रजोधर्म अवधि तारीख से प्रसव की संभावित तारीख की गणना करना सीखना।

विधि–(1) सर्वप्रथम प्रसव की संभावित तारीख या प्रसव की निश्चित तारीख का अनुमान लगाते हैं।

(2) गर्भावस्था की सही अवधि का निर्धारण किया जा सकता है। गर्भावस्था की अवधि सामान्यत: 280 दिन/40 सप्ताह तक होती है।

(3) प्रसव (delivery) की सही तारीख का निर्धारण अंतिम रजोधर्म अवधि के पहले दिन में सात दिन और जोड़कर तथा उस तारीख से आगे नौ महीनों को गिनकर करते हैं।

उदाहरण के लिए,

अंतिम रजोधर्म अवधि (LMP) – 02 जनवरी, 2017

2 + 7 = 9 जनवरी 2017, अब इसमें आगे 9 महीने और जोड़ते हैं तो प्रसव की संभावित तारीख प्राप्त होती है–9-10-2017

यदि गर्भवती महिला को अंतिम रजोधर्म अवधि (LMP) याद नहीं है या रजोधर्म अवधि के बिना प्रसव के पश्चात् दूसरी बार गर्भवती हुई है तो प्रसव की तारीख का पता लगाने के लिए निम्नलिखित अन्य पद्धतियों का उपयोग करते हैं–

(क) माँ द्वारा पहली बार भ्रूण की हलचल का अनुभव किए जाने से आगे 20 से 22 हफ्तों को गिनकर प्रसव की तारीख का अनुमान लगाते हैं।

(ख) गर्भाशय की ऊँचाई को मापते हैं, इससे गर्भावस्था के हफ्तों का पता लगाने में सहायता मिलती है।

अवलोकन–(1) गर्भवती महिला से चर्चा करके प्रसव की अनुमानित तारीख का पता लगाते हैं।

(2) उदाहरण के लिए, यदि अंतिम रजोधर्म अवधि (LMP) 10 फरवरी 2016 है तो प्रसव की संभावित तिथि की गणना करते हैं।

परिणाम–गर्भवती महिला की प्रसव की संभावित तारीख 17 नवम्बर 2016 है।

अत्यधिक जोखिम वाली गर्भवती महिलाओं की पहचान करना

उद्देश्य–उच्च जोखिम वाले लक्षणों, संकेतों तथा कारकों का पता लगाकर अत्यधिक जोखिम वाली (High Risk) गर्भवती महिलाओं की पहचान करना।

विधि–माता से चर्चा करके उनके प्रसूति इतिहास का पता लगाते हैं, जिसमें निम्नलिखित तथ्य शामिल होते हैं–

रजोधर्म इतिहास

(1) रजोदर्शन (Menarche) की आयु।

(2) प्रवाह की नियमितता, अंतराल तथा अवधि

(3) कष्टार्तव (Dysmenorrhoea) तथा अन्य कोई समस्या।

(4) अंतिम रजोधर्म चक्र की तारीख।

प्रसूति इतिहास–पिछली गर्भवस्था का इतिहास।

अंतिम गर्भावस्था की तारीख व प्रकार, प्रसव की अवधि, गर्भावस्था के दौरान किसी प्रकार की असामान्यता का इतिहास।

शिशु का लिंग, जन्म के समय वजन तथा प्रसव आयु, शिशु का वर्तमान स्वास्थ्य।

वर्तमान गर्भावस्था–नियोजित या अनियोजित, अंतिम रजोधर्म अवधि।

संकेत एवं लक्षण।

सामाजिक इतिहास–महिला व उसके पति की शिक्षा व व्यवसाय, परिवार का स्वरूप, पारिवारिक आय का स्रोत।

चिकित्सीय इतिहास

(1) परिवार में या स्वयं कोई दीर्घकालिक या गंभीर रोग।

(2) सामान्य स्वास्थ्य संबंधी आदतें।

शारीरिक जाँच तथा प्रयोगशाला (Lab)

जाँच–इससे भी जोखिम वाली तथा अत्यधिक जोखिम वाली गर्भवती महिलाओं की पहचान करने में मदद मिलती है। निम्न जानकारियों द्वारा भी जोखिम कारकों का पता लगाने में सहायता मिलती है–

(1) मल्टीग्रेविडा (4-5 बार से अधिक गर्भवती)।

(2) पूर्व-गर्भाक्षेपक (preeclampsia) तथा गर्भाक्षेपक (Eclampsia)।

(3) आयु – 15 वर्ष से कम या 30 वर्ष से अधिक की उम्र का गर्भाधान।

(4) बार-बार गर्भधारण।

(5) कम ऊँचाई और कम वजन की महिलाएँ (140 से.मी. से कम और 40 कि.ग्रा. से कम भार की महिलाएँ)।

(6) जुड़वाँ या अधिक संख्या में बच्चे।

(7) मालप्रेजेंटेशन – सिर की बजाय, पार्श्व भाग का नीचे रहना।

(8) खून की कमी – 10 ग्राम से कम हीमोग्लोबिन।

(9) गर्भकाल में उच्च रक्तचाप।

(10) गर्भकाल के दौरान – रक्तस्राव।

(11) पिछले गर्भकाल में मृत शिशु का जन्म, गर्भ में ही मृत्यु या समय पूर्व प्रसव या गर्भपात का रोगवृत्त।

(12) अनुमानित तिथि के बाद का प्रसव।

(13) ऑपरेशन द्वारा पिछला प्रसव।

(14) सामान्य रोग यथा हृदय धमनी रोग (कार्डियो वेस्कुलर), मधुमेह (डायबिटीज), किडनी रोग तथा मानसिक रोग।

ये कुछ कारक हैं जो उच्च जोखिम के अंशदायी कारक हैं। रोगी के प्रसूति इतिहास को प्राप्त करने तथा शारीरिक जाँच से उच्च जोखिम का पता लगाने में सहायता मिलती है।

अवलोकन–(1) जोखिम कारकों की पहचान करने के पश्चात् सूची बनाकर गर्भवती महिला में इनका अवलोकन करते हैं।

(2) गर्भावस्था के दूसरे तिमाही के दौरान 10 माताओं की जाँच करके उच्च जोखिम वाली महिलाओं की पहचान करते हैं।

परिणाम–गर्भवती महिलाओं से प्राप्त निष्कर्षों को रिकॉर्ड करने के पश्चात् अत्यधिक जोखिम वाली गर्भवती महिलाओं की पहचान की जा सकती है।

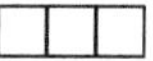

गर्भवती महिला के प्रमुख मापदंड

उद्देश्य–गर्भवती महिला के प्रमुख मापदंडों को मापना।

आवश्यक सामग्री–मापन मशीन (वजन मापने की मशीन), स्टेथोस्कोप, नापने का फीता (मेजरिंग टेप), निष्कर्षों को रिकॉर्ड करने के लिए पेपर और पेंसिल तथा बी.पी. ऑपरेटस (रक्तचाप जाँचने का यंत्र)।

विधि

(1) लंबाई का मापन–गर्भवती महिला की लंबाई मापने के लिए सबसे पहले उन्हें दीवार के साथ सीधा खड़ा करते हैं फिर दीवार पर स्केल/गत्ता/फुट्टा या किसी सपाट छड़ी की सहायता से महिला के सिर के स्तर तक निशान बना लेते हैं। फिर भूमि से उस निशान तक की दूरी को मापते हैं। भारतीय महिलाओं की औसत लंबाई 145 से.मी. से 150 से.मी. है। महिला की लंबाई उसकी श्रोणि (pelvis) के आकार को भी दर्शाती है।

(2) वजन का मापन–प्रत्येक विजिट के दौरान वजन की जाँच की जानी चाहिए। मोटापे के कारण गर्भावधि मधुमेह (gestational diabetes) का खतरा बढ़ जाता है। 25 से 30 वर्ष की आयु समूह की भारतीय महिलाओं का औसत वजन 55 से 66 कि.ग्रा. होता है।

(क) गर्भावस्था के दौरान, माता का वजन प्रथम तिमाही (trimester) में 1 कि.ग्रा. बढ़ जाता है।

(ख) दूसरे तिमाही में यह औसतन 5 कि.ग्रा. (प्रति माह 2 कि.ग्रा.) बढ़ता है।

(ग) तीसरे तिमाही में यह 5 से 6 कि.ग्रा. (औसतन 2 कि.ग्रा. प्रति माह) बढ़ता है।

(घ) गर्भावस्था के दौरान वजन में कुल वृद्धि 10 से 11 कि.ग्रा. होती है।

वजन में कुल वृद्धि जन्म के समय शिशु के वजन को दर्शाती है। स्थिर वजन कुछ अनियमितताओं को दर्शाता है जैसे शिशु का अस्वस्थ विकास या गर्भ में शिशु की मृत्यु। वजन में अत्यधिक वृद्धि टॉक्सीमिया के कारण हो सकती है।

(3) रक्तचाप-मापन

(क) सर्वप्रथम अपने हाथों को अच्छी तरह धोते हैं।

(ख) व्यक्ति/रोगी को इस प्रक्रिया से अवगत कराते हैं।

(ग) रोगी को शांत व आरामदायक स्थिति में लाते हैं।

(घ) अपस्फीत कफ (deflated cuff) को रोगी की कोहनी से लगभग 2 से 3 सेमी. ऊपर बाँह में सुगमता व समान रूप से लपेट लेते हैं जिसमें से दो ट्यूब रोगी के हाथ की ओर निकली हुई रहती हैं।

(ङ) यह सुनिश्चित करते हैं कि रोगी की बाँह उसके हृदय के स्तर पर हो। बाँह को टेबल या तकिए का सहारा दिया जा सकता है। रोगी को लेटी हुई या बैठी हुई अवस्था में रखा जा सकता है।

(च) रक्तचाप उपकरण के रबड़ बल्ब की स्क्रू को कसते हैं।

(छ) मेनोमीटर को उर्ध्वास्थ्या (vertically) में अपनी आँखों के स्तर तक लाते हैं।

(ज) अपनी उंगलियों के सिरों का प्रयोग करते हुए बाहु धमनी (ब्रेकियल धमनी) का पता लगाते हैं। स्टेथोस्कोप के इयरपीस को अपने कानों में लगाते हैं। स्टेथोस्कोप के डायाफ्रॉम को धीरे व सुदृढ़ता से खोजी गई धमनी के ऊपर रखते हैं।

(झ) रेचन वाल्व (Exhaust Valve) को बंद करते हैं, कफ को फुलाते हैं, कफ के फूल जाने के पश्चात् नाड़ी-स्पंदन को न ही उंगली से महसूस किया जा सकता है और न ही स्टेथोस्कोप से सुना जा सकता है।

(ञ) इसका अर्थ है कि अब कफ का दबाव धमनी के दबाव से अधिक है।

(ट) वाल्व को धीरे से खोलते हुए कफ के दबाव को छोड़ते हैं और साथ ही मेनोमीटर में मर्करी के स्तर को भी देखते हैं।

(ठ) जब रक्त धमनी में प्रवाहित होने लगेगा तो धड़कनों की ध्वनि (पहले झटकेदार ध्वनि) सुनाई देगी। पहली धड़कन को सुनते समय मर्करी कॉलम पर आने वाली रीडिंग को नोट करते हैं। यह सिस्टोलिक रक्तचाप (Systolic Blood Pressure) है।

(ड) आगे, दबाव को धीरे-धीरे व निरंतर तब तक छोड़ते रहते हैं, जब तक स्टेथोस्कोप में धमनी के भीतर ध्वनि होना बंद न हो जाए। इस स्तर पर मर्करी के कॉलम को नोट करते हैं। यह डायस्टोलिक रक्तचाप (Diastolic Blood Pressure) है।

(ढ) कफ को पूर्णतः अपस्फीत कर लेते हैं तथा रोगी की बाँह से इसे निकाल लेते हैं। इसे वापस इसके स्थान पर रख देते हैं।

(ण) रोगी को आरामदायक स्थिति में लाते हैं।

(त) रोगी के रिकॉर्ड में रक्तचाप को रिकॉर्ड कर लेते हैं।

(थ) इस प्रक्रिया के पश्चात् अपने हाथों को धो लेते हैं।

अवलोकन–अपने क्षेत्र में एक गर्भवती महिला की लंबाई, वजन व रक्तचाप को मापते हैं व परिणाम पर चर्चा करते हैं।

परिणाम

(1) लंबाई 160 से.मी.

(2) वजन 80 कि.ग्रा.

(3) रक्तचाप 130/90 मिलीमीटर ऑफ मरकरी

अर्थात् महिला एवं बच्चा दोनों स्वस्थ हैं।

□□□

गर्भवती महिला के लिए एक दिवसीय नमूना भोजन सूची

उद्देश्य–गर्भवती महिला को आहार संबंधी सुझाव देना सीखना।

आवश्यक सामग्री–भोजन समूह तालिका, आई.सी.एम.आर. से प्रस्तावित आहार तालिका, मापन ग्लास–1, मापन कप–1, 1/2 कप, 1/4 कप, मापने वाले चम्मच–टेबल चम्मच (बड़ा चम्मच), 1/4 छोटा चाय का चम्मच, 1/2 छोटा चाय का चम्मच, 1 छोटा चाय का चम्मच।

विधि–(1) माना कि सीमा मध्यम आय वर्गीय परिवार की एक गर्भवती महिला है।

(2) सीमा के लिए एक संतुलित आहार तालिका तैयार करते हैं। गर्भावस्था के दौरान कैलोरीज (ऊर्जा), प्रोटीन, विटामिन तथा खनिज-लवण की आवश्यकता बढ़ जाती है। अतः इनकी आवश्यकताओं को पूरा करने के लिए इनकी अतिरिक्त मात्रा भोजन में शामिल की जाएगी।

तालिका 6.1: गर्भवती महिला के लिए संतुलित आहार

भोजन सामग्री	गर्भावस्था के दौरान इनकी मात्रा (ग्राम में)
अनाज	220
जड़ व कंदमूल	120
चीनी/गुड़	25
वसा व तेल	35
दूध	500 मि.ली.
दालें	60
माँस/मछली/मुर्गा/अंडे	50
हरी पत्तेदार सब्जियाँ	200
अन्य सब्जियाँ	160-200
फल	160-200
कुल ऊर्जा (कैलोरी)	2175
कुल प्रोटीन (ग्रा.)	69

(3) अब हम यह कह सकते हैं कि (आर.डी.ए. चार्ट के माध्यम से) गर्भावस्था में निम्नलिखित भोजन को बढ़ाया/शामिल किया गया है।

भोजन	मात्रा (ग्राम में)
दालें	20
जड़ें और कंद-मूल	60
चीनी/गुड़	10
माँस/मछली/मुर्गा/अंडे	50
हरी पत्तेदार सब्जियाँ	100

(4) अब इन भोज्य पदार्थों को सीमा के एक दिन के नमूना भोजन सूची (Menu) में वितरित किया जाएगा।

तालिका 6.2

खाद्य पदार्थ	सुबह का नाश्ता	दोपहर-पूर्व आहार	दोपहर का भोजन	चाय	रात्रि का भोजन	कुल
अनाज	40	40	60	20	60	220
जड़ व कंदमूल	–	–	60	–	60	120
चीनी/गुड़	5	12.5	10	7.5	–	35
वसा व तेल	7.5	7.5	10	–	10	35
दूध (मि.ली. में)	250	–	125	62.5	62.5	500
दालें	–	30	–	–	30	60
माँस/मछली/पोल्ट्री/अंडे	50	–	–	–	–	50
हरी पत्तेदार सब्जियाँ	–	100	–	–	100	200
अन्य सब्जियाँ	40–50	–	80–100	–	40–50	160–200
फल	80–100	–	–	80–100	–	160–200

तालिका 6.3 में प्रत्येक आहार में शामिल किए गए व्यंजनों का वर्णन है। इस तालिका में मात्राओं को खाद्य पदार्थों की संख्या के रूप में दर्शाया गया है। यहाँ कच्चे खाद्य पदार्थों की मात्रा दी गई है।

तालिका 6.3: एक दिन के आहारों के लिए खाद्य पदार्थों के वितरण पर आधारित मैन्यू निर्धारित करना

खाद्य पदार्थ	आहारों के लिए वितरित खाद्य पदार्थ	मैन्यू
सुबह का नाश्ता		
अनाज	40 ग्राम (दो मध्यम आकार के डबल रोटी के टुकड़े)	
चीनी/गुड़	5 ग्राम (आधा चाय का चम्मच)	• मैंगो मिल्क शेक
वसा व तेल	7.5 ग्राम (1-1/2 चाय का चम्मच)	• मक्खन लगे टोस्ट

Contd...

Contd...

खाद्य पदार्थ	आहारों के लिए वितरित खाद्य पदार्थ	मैन्यू
दूध	250 मि.ली. (एक गिलास)	• टमाटर व प्याज भर आमलेट
अंडे	50 ग्राम (एक अंडा)	
अन्य सब्जियाँ	40-50 ग्राम (आधा छोटा प्याज, आधा छोटा टमाटर)	
फल	80-100 ग्राम (मध्यम आकार का आधा टमाटर)	
दोपहर पूर्व		
अनाज	40 ग्राम (1/3 कप आटे से थोड़ा ज्यादा)	• शरबत
गुड़/चीनी	12.5 ग्राम (2-1/1 चाय का चम्मच)	• आटे, बेसन और मूँगफली वाले लड्डू
वसा व तेल	7.5 ग्राम (1-1/2 चाय का चम्मच)	
दालें	30 ग्राम (चौथाई कप से कम)	
दोपहर का आहार		
अनाज	20 ग्राम आटा (चौथाई कप आटे से थोड़ा कम) 40 ग्राम चावल (आधे कप चावल से थोड़ा ज्यादा)	• चपाती
जड़ व कंदमूल	60 ग्राम (आधा छोटा आलू)	• पुलाव
चीनी/गुड़	10 ग्राम (दो चाय के चम्मच)	• आलू, पालक की सब्जी
वसा व तेल	10 ग्राम (दो चाय के चम्मच)	• सादा कस्टड

Contd...

Contd...

खाद्य पदार्थ	आहारों के लिए वितरित खाद्य पदार्थ	मैन्यू
दूध	125 मि.ली. (आधा गिलास)	
हरी पत्तेदार सब्जियाँ	100 ग्राम (तीन कप कटी हुई हरे पत्ते वाली सब्जियाँ)	
अन्य सब्जियाँ	80-100 ग्राम (दो या तीन फलियाँ, छोटी गाजर)	
चाय		
अनाज	20 ग्राम (एक छोटा बन)	• हल्की चाय
चीनी/गुड़	7.5 ग्राम (1-1/2 चाय का चम्मच)	• घर के बने जैम/ मारमलेड भरा बन
दूध	62.5 मि.ली. (एक चौथाई गिलास)	
फल	80-100 ग्राम (एक मध्यम आकार का संतरा)	
रात्रि का भोजन		
अनाज	60 ग्राम (1/2 कप आटा)	• आलू का परांठा
जड़ व कंदमूल	60 ग्राम (आधा छोटा आलू)	• राजमा की सब्जी
वसा व तेल	10 ग्राम (दो चम्मच)	• दही
दूध	62.5 मि.ली. (1/4 गिलास)	• टमाटर प्याज वाली धनिए की चटनी
दालें	30 ग्राम (1/4 कप राजमा)	
हरी पत्तेदार सब्जियाँ	100 ग्राम (बारीक कटी सब्जियाँ जो बिना दबाए भरी हों)	
अन्य सब्जियाँ	40-50 ग्राम (आधा छोटा प्याज, आधा छोटा टमाटर)	

सुझाव

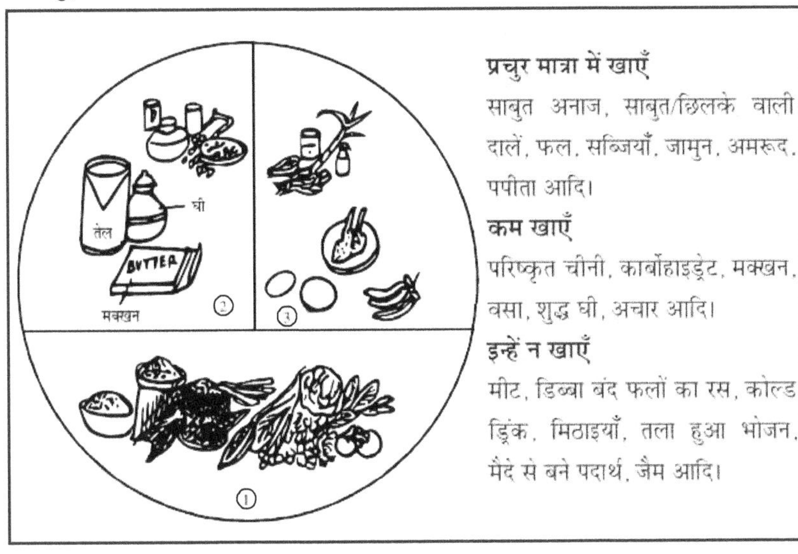

अवलोकन–सहपाठियों के साथ गर्भवती महिला के लिए एक नई एकदिवसीय नमूना भोजन सूची तैयार करना व उसके संतुलित भोजन पर चर्चा करते हैं।

परिणाम–इस प्रयोग से हम एक गर्भवती महिला को आहार संबंधी सुझाव देने में सक्षम हुए।

महत्त्वपूर्ण बिंदु

(1) भोजन में फाइबर (रेशे) की मात्रा बढ़ाने के लिए साबुत दालें जैसे साबुत मूँग दाल, साबुत उड़द तथा राजमा आदि को शामिल किया जाना चाहिए।

(2) अंकुरित मूंग दाल से भोजन में विटामिन-सी तथा विटामिन-बी की मात्रा बढ़ती है।

(3) मिश्रित अनाज एवं दालों को भोजन में शामिल करना अधिक पौष्टिक होगा।

(4) चीनी के स्थान पर गुड़ का प्रयोग किया जाना चाहिए।

(5) अधिक तले हुए भोजन से बचना चाहिए तथा उबले व भूने हुए भोजन का अधिक सेवन करना चाहिए।

(6) भोजन पकाते समय, भोजन स्वच्छता व साफ-सफाई का ध्यान रखना चाहिए।

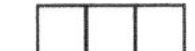

उड़ने में बुराई नहीं है,
आप भी उड़ें,
लेकिन उतना ही जहाँ से
जमीन साफ दिखाई देती हो।

शिशु की प्रमुख जाँच

उद्देश्य–शिशुओं की प्रमुख जाँच करना सीखना।

आवश्यक सामग्री–थर्मामीटर, रूई, साबुन तथा पानी, एंटीसेप्टिक लोशन, हाथ धोने का सामान, रिकॉर्डिंग के लिए पेपर और पेंसिल, इंचटेप।

शिशुओं के स्वास्थ्य का उनके पर्यावरण, जन्म रिकॉर्ड, पारिवारिक इतिहास तथा पारिवारिक संसाधनों के संबंध में आंकलन करना आवश्यक है।

शिशु के स्वास्थ्य का आंकलन निम्नलिखित में सहायक होगा–

(1) बीमारियों से निवारण में।

(2) बीमारियों के प्रभाव को न्यूनतम करने में।

(3) शिशु की देखभाल की योजना बनाने में।

(4) शिशुओं की देखभाल के संबंध में माता व परिवार के सदस्यों को शिक्षित करने में।

विधि–(1) शिशु की जाँच करने के लिए साबुन तथा पानी से हाथ अच्छी तरह साफ कर लेते हैं।

(2) शिशु का स्वास्थ्य संबंधित इतिहास एकत्र करते हैं तथा माँ से चर्चा करते हैं।

(3) उसकी शारीरिक जाँच करते हैं।

वजन

(1) स्प्रिंग बैलेंस का प्रयोग करते हैं।

(2) शिशु का वजन लेने के लिए शिशु के वस्त्र उतारकर पुराने पतले कपड़े में लपेटकर स्प्रिंग बैलेंस में उसका वजन मापते हैं।

(3) एक माह तक प्रति सप्ताह शिशु का वजन मापते हैं।

(4) तत्पश्चात् महीने में एक बार वजन मापते हैं।

(5) यदि वजन कम है तो किसी प्रकार की बीमारी या अपर्याप्त भोजन के संबंध में जाँच करते हैं।

लंबाई/ऊँचाई–नवजात शिशु की औसत लंबाई 47-50 से.मी. होती है। यह लंबाई सिर से पैर तक मापते हैं। जाँच के दौरान शरीर में किसी प्रकार की असामान्यता या चोट पाई जाती है तो उसकी भी जाँच करते हैं।

त्वचा का रंग—त्वचा के रंग की उचित प्रकाश में जाँच करते हैं। स्वस्थ शिशु का रंग गुलाबी होता है। यदि रंग नीला सा है तो उसका तात्पर्य है कि उसे साइनोसिस (cyanosis) है।

महत्त्वपूर्ण लक्षण

तापमान

(1) शिशु को स्पर्श करके देखते हैं कि वह गर्म है या ठंडा। छोटे शिशुओं की बाजू के नीचे (काँख/बगल) का सामान्य तापमान 36.6 डिग्री सेंटीग्रेड होता है।

(2) थर्मामीटर का प्रयोग करते हुए शिशु की बाजू के नीचे का तापमान रिकॉर्ड करते हैं।

(3) यदि शिशु का तापमान 35 डिग्री सेंटीग्रेड से कम है तो वह हाईपोथर्मिक है और यदि उसका तापमान 37.4 डिग्री सेंटीग्रेड से अधिक है तो उसे ज्वर है।

हृदय गति

(1) शिशु के वक्ष के बायीं ओर अपना हाथ रखते हुए प्रति सेकेंड हृदय गति को मापते हैं।

(2) नवजात शिशु के हृदय की धड़कन की सामान्य दर प्रति मिनट 120-140 होती है।

सिर से पैर तक की जाँच

सिर की परिधि—नवजात शिशु के सिर की परिधि सामान्य रूप से 33-35 सेंटीमीटर होती है। इसे इंचटेप से मापते हैं।

आँखें—आँखों के रंग की जाँच करते हैं तथा देखते हैं कि किसी प्रकार की लालिमा या डिस्चार्ज तो नहीं है।

मुँह—शिशु के रोते समय उसके मुँह की जाँच करते हैं तथा किसी प्रकार की असामान्यता या जीभ में परत की जाँच करते हैं।

वक्ष—किसी प्रकार की असामान्यता तथा श्वसन प्रक्रिया की जाँच करते हैं।

पेट—पेट को छूकर देखते हैं।

जनेन्द्रिय—जनेन्द्रिय अंगों को देखते हैं कि उसमें कहीं कोई असामान्यता या संक्रमण तो नहीं है।

मूत्र तथा शौच—शिशु के मूत्र तथा शौच के संबंध में उसकी माता से पूछते हैं।

बच्चे का व्यवहार—बच्चे को रोते हुए देखते हैं। हो सकता है कि कंपन के साथ रोने पर उसे किसी प्रकार की समस्या हो।

अवलोकन—शिशु की प्रमुख जाँच का अवलोकन करते हैं तथा रिपोर्ट तैयार करते हैं।

परिणाम—अनुवर्तीय दौरों के दौरान शिशु की वृद्धि और विकास की जाँच करते हैं व उसका रिकॉर्ड रखते हैं।

अपने निष्कर्षों को रिकॉर्ड करते हैं और यदि कोई असामान्यता है तो शिशु को डॉक्टर के पास ले जाते हैं।

सावधानियाँ—शिशु को स्पर्श करने से पूर्व अपने हाथों को अच्छी तरह से धो लेना चाहिए।

दूध पिलाने वाली महिला के लिए एक दिवसीय नमूना भोजन सूची

उद्देश्य–दूध पिलाने वाली महिला को आहार संबंधी सुझाव देना सीखना।

आवश्यक सामग्री–भोजन समूह तालिका का पिरामिड, आई.सी.एम.आर. से प्रस्तावित आहार तालिका, मापन ग्लास-1, मापन कप-1, 1/2 कप, 1/4 कप, मापने वाले चम्मच–टेबलस्पून (बड़ा चम्मच), 1 टी-स्पून (छोटा चम्मच), 1/2 छोटा चम्मच, 1/4 छोटा चम्मच।

विधि–माना कि शीला शिशु को दूध पिलाने वाली एक महिला है। उसके लिए संतुलित आहार तालिका तैयार करते हैं (आर.डी.ए. चार्ट के माध्यम से)।

भोजन सामग्री	**स्तन्यकाल के दौरान महिला के लिए इनकी मात्रा (ग्राम में)**
अनाज	240
जड़ व कंदमूल	120
चीनी/गुड़	40
वसा व तेल	40
दूध	625
दालें	60
माँस/मछली/अंडे	50
हरी पत्तेदार सब्जियाँ	200
अन्य सब्जियाँ	200–210
फल	160–200
कुल ऊर्जा (कैलोरी)	2435
कुल प्रोटीन	77

दूध पिलाने वाली अवधि में निम्नलिखित भोज्य-पदार्थों को बढ़ाया या शामिल किया गया है–

भोजन	मात्रा (ग्राम में)
अनाज	40
जड़ें और कंद-मूल	60
चीनी/गुड़	15
वसा तथा तेल	05
माँस/मछली/मुर्गा/अंडे	50
हरी पत्तेदार सब्जियाँ	100
अन्य सब्जियाँ	80-100

अब शीला के एक दिन के नमूना भोजन सूची में इन भोज्य पदार्थों को वितरित किया जाएगा–

खाद्य पदार्थ	आहारों के लिए वितरित खाद्य पदार्थ	मैन्यू
सुबह का नाश्ता		
अनाज	60 ग्राम (डबल रोटी के तीन टुकड़े)	
चीनी/गुड़	10 ग्राम (दो चाय के चम्मच)	• दूध
वसा व तेल	5 ग्राम (1 चाय का चम्मच)	• मक्खन व घर का बना अमरूद का जैम लगा हुआ टोस्ट
दूध	250 मि.ली. (एक गिलास)	• उबले अंडे के टुकड़े, आमलेट
अंडे	50 ग्राम (एक अंडा)	
फल	80-100 ग्राम (मध्यम आकार का एक अमरूद)	

Contd...

Contd...

खाद्य पदार्थ	आहारों के लिए वितरित खाद्य पदार्थ	मैन्यू
दोपहर पूर्व		
अनाज	20 ग्राम (1/4 कप सूजी)	• चाय
जड़ें और कंदमूल	60 ग्राम (1 आलू)	• मिली-जुली सब्जियाँ और अंकुरित दालों-युक्त उपमा
गुड़/चीनी	5 ग्राम (1 चाय का चम्मच)	
वसा व तेल	5 ग्राम (1 चाय का चम्मच)	
दालें	15 ग्राम (चौथाई कप का आधा)	
अन्य सब्जियाँ	40-50 ग्राम (एक छोटा प्याज)	
दोपहर का आहार		
अनाज	60 ग्राम (चौथाई कप आटा चौथाई कप चावल)	• चावल • चपाती • मटर और कॉटेज चीज से बनी सब्जी • बेसन पालक की परत वाली बर्फी • सादा कस्टड
चीनी/गुड़	10 ग्राम (दो चाय के चम्मच)	
वसा व तेल	10 ग्राम (दो चाय के चम्मच)	
दूध	250 मि.ली. (एक गिलास दूध से बना पनीर)	
दालें	15 ग्राम (चौथाई कप से आधा)	
हरी पत्तेदार सब्जियाँ	100 ग्राम (तीन कप महीन कटी हुई हरे पत्तेदार सब्जियाँ)	
अन्य सब्जियाँ	80-100 ग्राम (10-15 मटरों के दाने, एक छोटा प्याज, टमाटर)	

Contd...

Contd...

खाद्य पदार्थ	आहारों के लिए वितरित खाद्य पदार्थ	मैन्यू
चाय		
अनाज	40 ग्राम (एक तिहाई कप आटा)	• हल्की चाय
चीनी/गुड़	15 ग्राम (3 चाय के चम्मच)	• आटा, बेसन व तिल के बने लड्डू
वसा व तेल	10 ग्राम (दो चाय के चम्मच)	
दालें	15 ग्राम (एक चौथाई कप)	
रात्रि का भोजन		
अनाज	60 ग्राम (1/4 कप आटा)	• चावल • रोटी • अंकुरित दाल का रायता • गाजर, पालक, आलू, टमाटर, प्याज की सब्जी • चीकू
जड़ व कंदमूल	60 ग्राम (आधा छोटा आलू)	
वसा व तेल	10 ग्राम (दो चम्मच)	
दूध	125 मि.ली. (1/2 गिलास दूध से बनी दही)	
दालें	15 ग्राम (1/4 कप का आधा)	
हरी पत्तेदार सब्जियाँ	100 ग्राम (3 कप बारीक कटी सब्जियाँ जो बिना दबाए भरी हों)	
फल	80-100 ग्राम (एक बड़ा चीकू)	
अन्य सब्जियाँ	120-150 ग्राम (एक छोटा प्याज, टमाटर, मध्यम आकार की एक गाजर)	

अवलोकन–सहपाठियों के साथ मिलकर दूध पिलाने वाली महिला के लिए एक नई एकदिवसीय नमूना भोजन सूची तैयार करते हैं तथा संतुलित भोजन पर चर्चा करते हैं।

परिणाम–इस प्रयोग के माध्यम से हमने दूध पिलाने वाली महिला को आहार संबंधी सुझाव देना सीखा।

महत्त्वपूर्ण बिंदु

(1) स्थानीय रूप से उपलब्ध मौसमी फलों और सब्जियों का प्रयोग किया जाना चाहिए।

(2) अधिक पौष्टिकता के लिए मिश्रित अनाज एवं दालों को भोजन में शामिल करना चाहिए।

(3) भोजन की आवृत्ति (Frequency) में वृद्धि की जानी चाहिए।

(4) माँ के दूध की पर्याप्त आपूर्ति को बनाए रखने के लिए भोजन में प्रचुर मात्रा में पानी व तरल पदार्थों को शामिल किया जाना चाहिए।

(5) भोजन स्वच्छता को बनाए रखा जाना चाहिए।

(6) अधिक तले हुए भोजन से बचना चाहिए तथा उबला व भुना हुआ भोजन करना चाहिए।

(7) दूध पिलाने वाली महिला के भोजन में अंकुरित दालें, रसदार फल, प्रचुर मात्रा में दूध तथा हरी पत्तेदार सब्जियों को अनिवार्य रूप से शामिल किया जाना चाहिए।

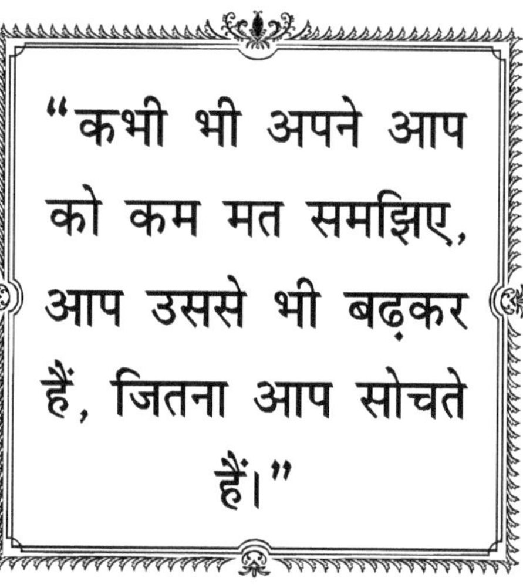

"कभी भी अपने आप को कम मत समझिए, आप उससे भी बढ़कर हैं, जितना आप सोचते हैं।"

धीरे-धीरे माँ का दूध छुड़ाना

उद्देश्य–शिशु के लिए माँ का दूध छुड़ाने की प्रक्रिया को समझना।

आवश्यक सामग्री–खाद्य पदार्थों के नमूने जिन्हें पूरक भोजन (Supplementary Food) के रूप में प्रयोग किया जा सकता है।

दूध छुड़ाने के लिए पूरक भोजन का चार्ट/पोस्टर/चित्र आदि।

विधि

(1) माँ को सलाह देते हैं कि–

(क) कम से कम आरंभिक छह महीनों के लिए शिशु को अत्यधिक मात्रा में अपना दूध पिलाएँ। 6 माह की आयु होने पर शिशु को माँ के दूध के अतिरिक्त अन्य भोजन भी दें।

(ख) जब तक संभव हो, शिशु को स्तनपान कराते रहें।

(ग) 6 माह के बाद पूरक भोजन जैसे मसला हुआ केला, मसला हुआ आलू, सूजी की खीर, सब्जियों का सूप, दाल का पानी, खिचड़ी देना आरंभ करें।

(घ) यह ध्यान में रखें कि एक समय पर एक ही नए पूरक भोजन को आरंभ करें।

(ङ) अगला नया पूरक भोजन आरंभ करने से पहले कुछ दिनों का समय अंतराल रखें।

(च) आहार की अल्प मात्रा से आरंभ करें और बाद में उसे बढ़ाएँ।

(2) चार्ट/पोस्टर की सहायता से अनाज व सब्जियों को तथा अनाज, दालों व सब्जियों को मिश्रित करके माताओं को पूरक भोजन तैयार करने के बारे में बताते हैं क्योंकि यह अधिक पौष्टिक होता है।

(3) खाना पकाते समय तथा शिशु को खिलाते समय हाथों को अच्छी प्रकार से धोने और भोजन स्वच्छता को बनाए रखने की सलाह देते हैं।

अवलोकन–छह महीने की आयु के बच्चे की एक माता को दूध छुड़ाने के तरीके समझाते हैं। शिशु के लिए पूरक भोजनों की सूची तैयार करके माता के साथ चर्चा करते हैं।

परिणाम–माता के साथ हुई चर्चा पर एक रिपोर्ट तैयार करके माता को देते हैं।

नोट–शिशु के एक वर्ष के होते ही उसे परिवार द्वारा खाए जा रहे भोजन को अल्प मात्राओं में देना शुरू करना चाहिए।

□□□

प्रतिरक्षण कार्यक्रम

उद्देश्य–प्रतिरक्षण कार्यक्रम का चार्ट तैयार करके समुदाय का मार्गदर्शन करना।

आवश्यक सामग्री–पेंसिल, रबड़, रंगीन स्कैच पैन, पोस्टर पेपर आदि।

विधि–(1) टीकाकरण जन्म से ही शुरू कर दिया जाना चाहिए, क्योंकि नवजात शिशुओं की प्रतिरोध क्षमता कम होती है और वे संक्रामक रोगों की चपेट में आ सकते हैं।

(2) राष्ट्रीय टीकाकरण कार्यक्रम के अनुसार प्रतिरक्षण कार्यक्रम बनाते हैं।

(3) स्वास्थ्य केंद्र में उपलब्ध टीकाकरण कार्ड को प्राप्त करके उसे माँ तक पहुँचाते हैं।

(4) टीकाकरण कार्ड में कॉलम होने चाहिए जैसे–दिया गया टीका, अगली खुराक।

(5) टीकाकरण कार्ड में सभी टीकों को लगाए जाने का देय समय भी दिया जाता है।

टीकाकरण के लिए निम्नानुसार चार्ट तैयार कर लेते हैं–

तालिका 10.1: टीकाकरण कार्यक्रम

टीका	आयु				
	जन्म	**6 सप्ताह**	**10 सप्ताह**	**14 सप्ताह**	**6-12 महीने**
प्राथमिक टीकाकरण					
बी.सी.जी.	✓				
पोलियो की खुराक	✓	✓	✓	✓	
डी.पी.टी.		✓	✓	✓	
हेपेटाइटिस बी	✓	✓	✓	✓	
खसरा					✓
बूस्टर खुराक					
डी.पी.टी. + पोलियो की खुराक	16-24 महीने				
डी.पी.टी.	5 वर्ष				
टिटनेस टॉक्साइड (टी.टी.)	10 वर्ष पर तथा पुनः 16 वर्ष पर				
विटामिन ए	9, 18, 27, 30 तथा 36 महीने				

अवलोकन—स्वास्थ्य केंद्र का दौरा करते हैं तथा कम से कम 5 बच्चों को टीका लगाने का अवलोकन करते हैं।

परिणाम—मैंने देखा कि 5 बच्चों में से 2 को बी.सी.जी. का टीका, 1 को खसरे का और 2 को हेपेटाइटिस बी का टीका लगाया गया।

महत्त्वपूर्ण बातें

(1) माता को बताते हैं कि यदि बच्चा बीमार है तो टीकाकरण के लिए डॉक्टर से परामर्श करें।

(2) यदि बच्चे को किसी प्रकार की समस्या हो जाती है तो उसकी जाँच के लिए केंद्र पर आने की सलाह दी जाती है।

(3) रिकॉर्ड द्वारा माता को टीकाकरण व टीके की अगली खुराक के संबंध में सीखने में मदद की जाती है।

(4) यदि टीका दिया जाता है तो उसे कार्ड में दिनांक सहित रिकॉर्ड करते हैं तथा अगली खुराक को भी कार्ड में रिकॉर्ड करते हैं।

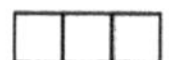

व्यक्तिगत स्वच्छता की तकनीकें

उद्देश्य—व्यक्तिगत स्वच्छता बनाए रखने की सही तकनीकों को दैनिक जीवन में अपनाना।

आवश्यक सामग्री—दाँतों का चार्ट/मॉडल/पोस्टर, कान का चार्ट/चित्र/मॉडल, नेलकटर (नाखून काटने वाला), टूथ ब्रश, टंग क्लीनर, हेडकैप (सिर ढकने की टोपी), एप्रन, तौलिया, इयर बड, पानी के नल सहित वाश बेसिन, रूमाल व टिशू पेपर, व्यक्तिगत स्वच्छता संबंधी चार्ट तथा पोस्टर।

विधि

(1) व्यक्तिगत स्वच्छता—व्यक्तिगत स्वच्छता से अभिप्राय दाँतों की सफाई, नाखूनों तथा पैरों की देखभाल, जीभ, कान, नाक, आँखें, बालों की स्वच्छता तथा भोजन की स्वच्छता से है।

(क) दाँतों की देखभाल

(i) प्रत्येक भोजन करने के बाद साफ पानी से कुल्ला करते हैं। इससे दाँतों के बीच भोजन के कण जिनसे दुर्गंध, मसूड़ों में सड़न पैदा होती है, बाहर निकल जाते हैं।

(ii) ब्रश करने की सही प्रक्रिया – टूथब्रश को मसूड़ों के सामने 45 डिग्री के कोण पर रखते हैं और ब्रश को 1 से 2 मिनट के लिए छोटे व हल्के स्ट्रोक सहित आगे व पीछे करते हैं।

(iii) ब्रश करने से पूर्व कुल्ला करना सर्वोत्तम होता है ताकि दाँतों की सतह में लगी परत (प्लॉक) तथा भोजन अवशेष बाहर निकल सकें।

(iv) नियमित और सही तरीके से ब्रश करने से दाँतों पर जमने वाली परत (प्लॉक) से छुटकारा मिलता है।

(v) दिन में 2 बार ब्रश करते हैं अर्थात् प्रातःकाल तथा रात्रि में सोने से पहले।

(vi) नर्म गोलागार ब्रिस्टल वाले सॉफ्ट ब्रश का प्रयोग करते हैं। प्रत्येक 3 महीने के पश्चात् ब्रश को बदल देना चाहिए।

(ख) जीभ की सफाई—जीभ से गंदगी को निकालने के लिए टंग क्लीनर (जीभ साफ करने वाली जीभी) या टूथब्रश का प्रयोग करते हैं।

(ग) कानों की देखभाल

(i) बाहरी कान (Outer ear) को गीले साफ कपड़े से सुगमता से साफ करते हैं।

(ii) यदि कान के भीतर पानी हो तो सिर को पहले एक ओर झुकाते हैं और तत्पश्चात् दूसरी ओर झुकाते हैं। ऐसा तब तक करते हैं जब तक कि पानी कानों से बाहर न निकल जाए।

(iii) कान के मैल (वैक्स) को साफ करने के लिए नुकीली वस्तु का प्रयोग नहीं करते।

(iv) कान को साफ करने के लिए इयर-बड का प्रयोग करते हैं।

(v) कभी भी कान के भीतर कोई बाहरी वस्तु नहीं डालते।

(घ) आँखों की देखभाल

(i) आँखों को स्वच्छ व ताजे ठंडे पानी से साफ करते हैं और तत्पश्चात् आँखों में 6 से 8 बार पानी के हल्के छीटें मारते हैं।

(ii) नरम साफ कपड़े या तौलिए से आँखों को सुखाते हैं।

(iii) सस्ते या घटिया काजल या सुरमे को नहीं लगाते।

(iv) किसी और द्वारा उपयोग में लाए जाने वाला तौलिया इस्तेमाल नहीं करते हैं।

(ङ) नाक की देखभाल

(i) नाक के भीतर कोई बाहरी वस्तु/उंगली नहीं डालते।

(ii) नाक के छिद्रों को साफ करने के लिए स्वच्छ नरम कपड़े या टिशू का प्रयोग करते हैं।

(iii) टिशू पेपर या रूमाल से नाक को अधिक जोर लगाकर साफ नहीं करते।

(च) बालों की साफ-सफाई

(i) सप्ताह में दो बार अच्छे शैम्पू या साबुन से बालों को धोते हैं ताकि वे साफ व सुव्यवस्थित रहें।

(ii) बालों की साफ-सफाई रख कर बालों के संक्रमण से बचते हैं।

(iii) बालों में पर्याप्त तेल लगाकर सुगमता से मालिश करते हैं इससे बालों में रूसी नहीं होती।

(iv) बालों को रोजाना कंघी करते हैं तथा धूल आदि से बचने के लिए सिर को ढक कर रखते हैं।

(v) बालों के रंग तथा डाई के अनावश्यक प्रयोग से बचना चाहिए।

(2) खाना बनाने वाले व्यक्ति की व्यक्तिगत स्वच्छता

(क) रोजाना स्नान करते हैं।

(ख) खाना बनाने के पहले साबुन व पानी से हाथों को अच्छी तरह धोते हैं।

(ग) नाखूनों को साफ व छोटा रखते हैं।

(घ) एप्रन सहित साफ-सुथरे कपड़े पहनते हैं।

(ङ) खाना बनाते समय चेहरे, नाक या मुँह को स्पर्श नहीं करते।

(च) भोजन के आसपास छींकने या खाँसने से बचते हैं।

(छ) यदि खाँसी या छींक आती है तो साफ रूमाल से मुँह और नाक को ढक लेते हैं।

(ज) नियमित रूप से टाइफाइड तथा हैजा का टीका लगवाते हैं।

(3) भोजन स्वच्छता

(क) अनाजों या दालों को स्वच्छ व बहते हुए पानी में अच्छी तरह से साफ करते हैं।

(ख) फलों और सब्जियों को काटने से पहले बहते हुए पानी में अच्छी तरह से धो लेते हैं।

(ग) जिस पानी में अनाज या दालों को भिगोकर रखा जाता है, उसे फेंकते नहीं हैं, उसका प्रयोग खाना बनाने के लिए करते हैं क्योंकि उसमें विटामिन तथा खनिज-लवण होते हैं।

(घ) ताजे फलों और सब्जियों का सेवन तत्काल कर लेना चाहिए।

(ङ) कटे फलों का प्रयोग नहीं करते जिनमें धूल या मक्खियाँ बैठी हों।

(4) भोजन पकाना

(क) भोजन को उचित ढंग से पकाते हैं।

(ख) पके हुए भोजन को ढक कर रखते हैं।

(ग) उबले हुए/प्रेशर कुकर में बने भोजन को प्राथमिकता देते हैं।

(घ) पका हुआ भोजन कुछ ही घंटों के अंदर खोल लेते हैं।

(ङ) अधिक तले हुए व मसालेदार भोजन का कम से कम प्रयोग करते हैं।

अवलोकन–अपने किन्हीं दो साथियों की व्यक्तिगत स्वच्छता का अवलोकन करके उनकी रिपोर्ट कक्षा में प्रस्तुत करना।

परिणाम–मैंने अपने एक साथी के दाँतों में ब्रश करने का अवलोकन किया। उसने ब्रश को मसूढ़ों के सामने सही कोण (45 डिग्री) पर पकड़ा हुआ नहीं था और केवल 20 सेकेंड तक ब्रश किया जबकि उसे एक से दो मिनट के लिए करना चाहिए था। उसका ब्रश भी 2 साल से ज्यादा पुराना था जबकि ब्रश को 3 महीने के बाद बदल देना चाहिए।

दूसरे साथी के बालों का अवलोकन किया। उसके बालों में रूसी व जुएँ थीं। यह सब उसके बालों को नियमित रूप से देखभाल न करने के कारण हुआ था।

नोट–अध्यापक द्वारा मॉडल, चार्ट तथा पोस्टरों आदि की सहायता से व्यक्तिगत स्वच्छता की सही तकनीकों को दर्शाया जाना चाहिए।

जहाँ बुद्धि प्रयोग करने की आवश्यकता है, वहाँ बल प्रयोग करने से कोई लाभ नहीं होता।

यदि आपको अपने ही अंदर शान्ति नहीं मिल पाती तो भला इस विश्व में कहीं और कैसे पा सकते हैं।

जो प्रसन्न रहते हैं, उनके मन में कभी आलस्य नहीं आता। आलस्य एक बहुत बड़ा विकार है।

भोजन समूह तथा उसके पोषक तत्त्व

उद्देश्य–विभिन्न खाद्य पदार्थों के संयोजन को समझना।

आवश्यक सामग्री–पाँच भोजन समूह प्रणाली, विभिन्न खाद्य पदार्थों में विद्यमान सूक्ष्म तथा बृहत् पोषक तत्त्वों के पोस्टर/मॉडल/चार्ट। पेंसिल, स्केल, स्कैच पैन, खाद्य पदार्थों के नमूने।

पाँच भोजन समूह	भोजन	प्रमुख पोषक तत्त्व
(1) अनाज (ऊर्जा देने वाले भोजन)	गेहूँ, चावल, बाजरा, ज्वार, मक्का आदि	कैलोरी, प्रोटीन, विटामिन-बी, रेशे, आयरन (लौह), कैल्शियम
(2) दालें (शरीर के निर्माण वाले भोजन)	मूंग दाल, उड़द दाल, चना दान, अरहर दाल, राजमा आदि	प्रोटीन, रेशे (Fibre), विटामिन-बी
(3) दूध/अंडा/माँस (शरीर विकास संबंधी भोजन)	दूध, दही, अंडा, माँस, मछली आदि	प्रोटीन, कैल्शियम, फॉस्फोरस, विटामिन-ए
(4) फल व सब्जियाँ (संरक्षक भोजन)	फल (सेब, संतरा, अमरूद आदि), सब्जियाँ (लौकी, हरी पत्तेदार सब्जियाँ, पालक, आलू, गाजर, मटर, टमाटर, मूली आदि)।	विटामिन तथा खनिज लवण
(5) वसा तथा चीनी (ऊर्जा प्रदान करने वाले भोजन)	तेल, मक्खन, घी, चीनी, गुड़ आदि।	कैलोरीज (ऊर्जा), वसा विलवित विटामिन

अवलोकन–अपने रसोईघर में उपलब्ध विभिन्न भोज्य पदार्थों को पाँच भोजन समूहों में वर्गीकृत करके चर्चा करना।

परिणाम–मैंने अपने रसोईघर में उपलब्ध विभिन्न भोज्य पदार्थों को पाँच भोजन समूहों में वर्गीकृत कर चर्चा की और समझाया कि बच्चों के शारीरिक विकास की दृष्टि से उनके भोजन में प्रोटीन, कैल्शियम, फॉस्फोरस तथा विटामिन-ए युक्त पोषक तत्त्वों की अधिकता होनी चाहिए जो दूध, दही, अंडा, माँस, मछली आदि में प्रचुर मात्रा में होती है।

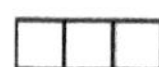

समुदाय को स्वास्थ्य शिक्षा प्रदान करना

उद्देश्य–समुदाय को स्वास्थ्य शिक्षा उपलब्ध कराना।

विधि–स्वास्थ्य शिक्षा उपलब्ध कराने की योजना बनाते समय निम्न बातों का ध्यान रखते हैं–

(1) लोगों की विशेष स्वास्थ्य आवश्यकताओं की पहचान करते हैं।

(2) यह कार्य समुदाय के सुविधाजनक समय के आधार पर होता है।

(3) समूह को शामिल करते हैं।

(4) नुक्कड़/नाटक भूमिका अदा करना (role play), चर्चा, काउंसलिंग आदि जैसी उपयुक्त पद्धति का प्रयोग करते हैं।

(5) केवल महत्त्वपूर्ण बिंदुओं को शामिल करते हैं।

(6) स्थानीय भाषा का प्रयोग करते हैं ताकि आसानी से समझा जा सके।

(7) पद्धतियों में सुधार का अवलोकन करने के लिए अनुवर्ती दौरे करते हैं।

(8) इसका मूल्यांकन करने के लिए लोगों से प्रश्न पूछते हैं।

भूमिका अदा करने के चरण

(1) आवश्यकता आधारित विषय का निर्धारण करते हैं।

(2) मुख्य विषय/चर्चा/बिंदुओं का चयन करते हैं।

(3) भूमिका अदा करने के लिए कहानी या नाटक तैयार करते हैं।

(4) "भूमिका अदा" का निष्पादन करने वाले विभिन्न सदस्यों को उनका रोल बताते हैं।

(5) निर्धारित रोल के अनुसार उपयुक्त क्षेत्र का चयन करते हैं।

भूमिका अदा करने के संबंध में लोगों को सूचित करने के लिए विभिन्न तरीकों का प्रयोग करते हैं जैसे पोस्टर लगाकर, पर्चे बँटवाकर या ढोल बजाकर।

(1) यह कार्य एक सार्वजनिक क्षेत्र में होना चाहिए।

(2) स्थानीय भाषा तथा स्थानीय लोगों को शामिल करके इसे रोचक बनाने का प्रयत्न करते हैं।

अवलोकन–किसी एक समूह (जैसे स्कूल के बच्चे, वयस्क, गर्भवती महिलाओं, दूध पिलाने वाली महिलाओं, बुजुर्गों) के लिए स्वास्थ्य शिक्षा की योजना बनाते हैं व इसे आयोजित करते हैं।

परिणाम–योजना का मूल्यांकन कर रिपोर्ट तैयार करते हैं।

जी.पी.एच. की पुस्तकों का मुख्य उद्देश्य ज्ञान के साथ-साथ अच्छे नम्बर दिलाना है।

अपने क्षेत्र का नक्शा तैयार करना

उद्देश्य–परिवारों, समुदाय तथा संसाधनों का पता लगाने के लिए अपने क्षेत्र का मानचित्र तैयार करते हैं तथा भौगोलिक क्षेत्र के आधार पर अपने कार्य की योजना तैयार करते हैं।

आवश्यक सामग्री–चार्ट पेपर या ग्राफ पेपर, पेंसिल, रबड़, स्केल, इंचीटेप, ब्लॉक या जिले का नक्शा ताकि ब्लॉक संबंधी क्षेत्रों की पहचान की जा सके।

नक्शा समुदाय तक पहुँचाने के लिए दिशा, स्थल तथा दूरी दर्शाता है।

विधि–(1) क्षेत्र का सर्वेक्षण करते हैं (पैदल जाते हैं व क्षेत्र का अवलोकन करते हैं)।

(2) नक्शे में स्थानीय महत्त्व के स्थलों जैसे स्कूल, बाजार, प्राथमिक चिकित्सा केंद्र या आवासीय क्षेत्र, पंचायत घर आदि को दर्शाते हैं।

(3) सर्वेक्षण के दौरान केवल कच्चा नक्शा तैयार करते हैं।

(4) पैदल चलने में लगे समय के आधार पर दूरी का अनुमान लगाते हैं।

(5) नक्शे में सड़कों को आपस में जोड़ते हैं तथा संगत स्थान पर मुख्य चिह्नों को दर्शाते हैं।

(6) स्थानीय लोगों तथा सामुदायिक प्रमुखों का सहयोग प्राप्त करते हैं।

(7) अब ग्राफ पेपर या पोस्टर पेपर पर पक्का नक्शा तैयार करते हैं।

अवलोकन–क्षेत्र का नक्शा तैयार करके व उसे तैयार करते समय पालन किए गए चरणों पर चर्चा करके रिपोर्ट बनाना।

परिणाम–नक्शा तैयार करने के लिए हमने पैदल अपने क्षेत्र का सर्वेक्षण किया तथा उसमें स्कूल, बाजार, प्राथमिक चिकित्सा केंद्र, पंचायत घर आदि को निशान लगाकर दर्शाया। इसके लिए मैंने स्थानीय लोगों का भी सहयोग प्राप्त किया।

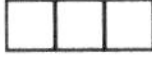

प्रैक्टिकल मैनुअल
भाग 3

प्राथमिक उपचार बॉक्स

आवश्यक सामग्री–लेबलयुक्त प्राथमिक उपचार बॉक्स।

(1) एक कैंची, विसंक्रमित पट्टी या टेप, एक रुई का पैकेट, स्प्रिट की छोटी शीशी या डिटॉल, चिमटी।

(2) लेटेक्स या कोई कीटाणुरहित दस्तानों के दो जोड़े।

(3) संक्रमण दूर करने के लिए स्वच्छकारक एजेंट/साबुन और दो छोटे एंटीबायोटिक तौलिये।

(4) दर्द निवारक मलहम, एंटीसेप्टिक क्रीम, जलने पर संक्रमण को रोकने का मलहम।

(5) आँखों को धोने का विलयन।

(6) एक तापमापी (थर्मामीटर)।

(7) कुछ सामान्य दवाएँ, जैसे–पैरासीटामोल की गोली, डिस्प्रिन आदि।

(8) बताई गई दवाएँ, जैसे–इंसुलिन, दिल की दवा व दमे का इन्हेलर।

(9) ग्लूकोज और ब्लड प्रेशर मापने का उपकरण आदि।

(10) छोटा प्लास्टिक बाउल/स्टील का बाउल।

(11) विसंक्रमित सिरिंज।

(12) स्प्लिंट।

(13) मैगनीफाइंग ग्लास।

(14) चिपकने वाली ड्रैसिंग, रक्तबंध।

(15) सेफ्टी पिन, टिशू पेपर।

(16) गॉज, मर्क्यूरोक्रेम।

(17) चम्मच व टॉर्च।

विधि–प्राथमिक उपचार बॉक्स की संपूर्ण सामग्री को एकत्रित करते हैं, उन पर लेबल लगाते हैं व उनका प्रयोग सीखते हैं।

अवलोकन—इन वस्तुओं को जानने का प्रयास करते हैं तथा कक्षा में इनके प्रयोग का अभ्यास करते हैं।

परिणाम—प्राथमिक उपचार बॉक्स इस्तेमाल के लिए तैयार है तथा उसमें रखी वस्तुओं का प्रयोग करना भी सीख लिया गया है।

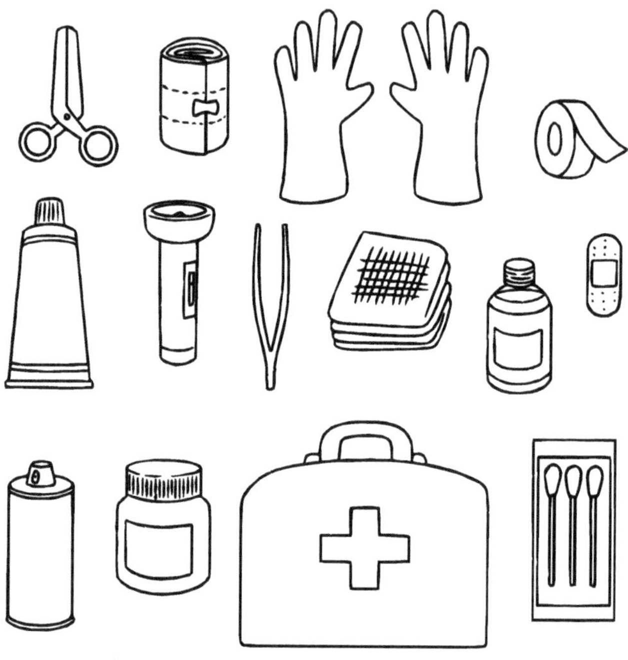

चित्र 1.1: प्राथमिक उपचार बॉक्स की वस्तुएँ

सावधानियाँ

(1) समय-समय पर सुनिश्चित करते हैं कि प्राथमिक उपचार बॉक्स में सभी वस्तुएँ रखी हुई हैं।

(2) प्राथमिक उपचार बॉक्स में रखी सभी दवाइयाँ/घोल, लोशन उनके उपयोग की समापन तिथि (expiry date) से पहले की हों, इस बात का हमेशा ध्यान रखते हैं।

(3) समापन तिथि के पश्चात् की सभी दवाइयाँ तुरंत नष्ट कर देते हैं ताकि उनका इस्तेमाल न किया जा सके।

□□□

संक्रामक रोगों के निवारण तथा नियंत्रण के लिए स्वास्थ्य शिक्षा

उद्देश्य–संक्रामक रोगों (communicable diseases) के निवारण तथा नियंत्रण के लिए स्वास्थ्य संबंधी शिक्षा उपलब्ध करवाना।

आवश्यक सामग्री–विभिन्न रोगों के कारणों तथा निवारण से संबंधित श्रव्य-दृश्य सामग्री, विषय के अनुसार प्रदर्शन हेतु वस्तुएँ।

विधि–स्वास्थ्य शिक्षा संबंधी विषय पर कार्य करने के लिए दो या तीन विद्यार्थियों का समूह बनाते हैं।

स्वास्थ्य कार्यक्रम तैयार करने के चरण

(1) लक्ष्य समूह की पहचान करते हैं।

(2) विषय का चयन करते हैं।

(3) समुदाय की पृष्ठभूमि तथा हितों को ध्यान में रखते हुए विषय की विषय-वस्तु तथा श्रव्य-दृश्य सामग्री को तैयार करते हैं।

(4) इसकी भाषा तैयार करते हैं।

(5) इसके स्थान का चयन करते हैं।

(6) समुदाय को स्वास्थ्य शिक्षा कार्यक्रम, उसकी तारीख, समय व स्थान आदि की जानकारी उपलब्ध कराते हैं।

(7) स्वयं का एवं विषय का परिचय देते हैं।

(8) आवश्यक शिक्षण-अधिगम (teaching-learning) पद्धतियों का प्रयोग करते हुए स्वास्थ्य शिक्षा कार्यक्रम आयोजित करते हैं (जैसे–नाटक, कठपुतली का खेल, प्रदर्शनी, फिल्म दिखाना, स्लाइड-शो आदि)।

(9) समूह से प्रश्न पूछकर स्वास्थ्य शिक्षा का मूल्यांकन करते हैं।

(10) अनुवर्ती (follow up) दौरों/कार्यक्रमों की व्यवस्था करते हैं।

विद्यार्थियों को उस भाषा में विशेषज्ञता प्राप्त करनी होगी जिस भाषा में गाँव वालों को आवश्यकता आधारित स्वास्थ्य शिक्षा उपलब्ध कराई जा सके। स्वास्थ्य संवर्धन तथा विभिन्न रोगों के निवारक पहलुओं पर अधिक बल दिया जाना चाहिए।

महत्त्वपूर्ण बिंदु

(1) सामुदायिक संसाधनों को जुटाते हैं एवं स्थान, प्रदर्शन के निर्धारण हेतु समुदाय की भागीदारी को प्रोत्साहित करते हैं।

(2) समुदाय के व्यवहार में परिवर्तन (स्वास्थ्य संबंधी आदतों में) का अवलोकन करते हैं।

उदाहरण—गाँव वालों को स्वास्थ्य शिक्षा प्रदान करने के लिए दस्त रोग का चयन करते हैं तथा गाँव जाकर चार्ट की मदद से 30-40 लोगों के समूह को इस रोग के बारे में निम्न प्रकार से शिक्षित करते हैं—

सुना है कि गाँव के बहुत सारे लोग दस्त से पीड़ित हैं। पानी तथा भोजन के दूषित होने के कारण दस्त होता है। संभवत: यहाँ का पानी दूषित हो सकता है। यहाँ के नल से पानी का एक नमूना लिया गया, जिसे जीवाणु (बैक्टिरियलॉजिकल) परीक्षण के लिए भेजा गया। जब तक उसकी रिपोर्ट नहीं आती तब तक पानी को उबालकर ही पिएँ। यदि पानी को उबालना संभव न हो, तो पानी की बाल्टी में एक गोली क्लोरीन की मिला लें। आधे घंटे तक रखने के बाद इसे पीने के लिए प्रयोग में लाया जा सकता है।

गाँव वालों को जीवाणु (बैक्टीरिया) तथा परजीवियों के चित्र दिखाते हैं जो पानी को दूषित/संक्रमित करते हैं, जैसे—ई. कोलाई, जियारडिया आदि।

प्रश्न पूछने के लिए कहने पर रामेश्वर नाम के एक गाँव वाले ने पूछा कि यदि दस्त हो जाता है तो क्या करना चाहिए?

तब गाँव वालों को समझाते हैं कि रोगी को जीवन रक्षक घोल (ओ.आर.एस.) दे सकते हैं। एक लीटर पानी में ओ.आर.एस. का एक पैकेट मिलाया जाना चाहिए और इस पानी को यथा आवश्यकता नियमित अंतराल पर दिया जाना चाहिए। इस घोल को तैयार करने के पश्चात् इसे 24 घंटों के भीतर उपयोग कर लिया जाना चाहिए। पुन: प्रयोग के लिए नया घोल तैयार करें। पानी में ओ.आर.एस. को मिलाते समय इसमें नमक, चीनी और नींबू भी मिलाया जा सकता है।

निर्जलीकरण (डीहाइड्रेशन) से बचने के लिए पर्याप्त मात्रा में तरल पदार्थ दिए जाने चाहिए। घर में बने कुछ तरल पदार्थों, जैसे—चावल का पानी, हल्की चाय, दाल का पानी तथा नारियल पानी आदि के प्रयोग पर बल दें। भोजन स्वच्छता, हाथों की सफाई तथा व्यक्तिगत स्वच्छता बनाए रखें। यदि उन लोगों का और भी कोई प्रश्न है तो उसका भी समाधान करते हैं।

अवलोकन—समुदाय की स्वास्थ्य पद्धतियों संबंधी ज्ञान तथा उनके व्यवहार में होने वाले परिवर्तन का अवलोकन करते हैं।

परिणाम—अभ्यास के पश्चात् लक्ष्य समूह के विषय संबंधी स्वास्थ्य ज्ञान तथा उनके व्यवहार में होने वाले परिवर्तन पर एक रिपोर्ट तैयार कर उस पर चर्चा कर सकते हैं।

जीवन रक्षक घोल तैयार करना

उद्देश्य–ओ.आर.एस. पैकेट से घर में जीवन रक्षक घोल (ORS) तैयार करना।

आवश्यक सामग्री

(1) ओ.आर.एस. पैकेट

(2) एक लीटर का स्टील का जग।

(3) उबले ठंडे पानी से भरा साफ जग।

(4) चीनी, नमक/नींबू

(5) एक स्टील का चम्मच

विधि

(1) स्टील के जग में एक लीटर पानी डालते हैं।

(2) ओ.आर.एस. पैकेट को तथा उसका पाउडर स्टील जग के अंदर डालते हैं।

(3) पानी को चम्मच से अच्छी तरह मिलाते हैं ताकि पाउडर पूरी तरह से घुल जाए।

(4) 24 घंटों के भीतर इसका उपयोग किया जाता है। यदि आवश्यकता हो तो अगले दिन नया घोल बनाया जाता है।

(5) यदि ओ.आर.एस. पैकेट उपलब्ध न हो तो घर पर ही यह घोल बनाया जा सकता है।

(6) इसके लिए 1 लीटर उबले ठंडे पानी में चाय का 1 छोटा चम्मच नमक व 1 मुट्ठी चीनी डालकर घोल तैयार करते हैं। इसमें एक नींबू का रस मिलाते हैं।

(7) इस प्रकार घोल तैयार किया जाता है। इसको चखने पर आँसू जैसा स्वाद आना चाहिए। 24 घंटों के भीतर ही इसका उपयोग करना चाहिए।

ओ.आर.एस. घोल खनिज लवण (इलेक्ट्रोलाइट) तथा ग्लूकोस का तैयार घोल है। दस्त व उल्टी के कारण शरीर में इलेक्ट्रोलाइट एवं पानी की कमी (निर्जलीकरण) हो जाती है। ओ.आर.एस. का घोल निर्जलीकरण (डीहाइड्रेशन) के दौरान शरीर के लिए आवश्यक इन तत्त्वों को उपलब्ध करवाता है। अत: हैजा, दस्त तथा गैस्ट्रो-एंटरिटिस जैसे संक्रमणों में यह रोगी को मृत्यु से बचाने का एक सबसे महत्त्वपूर्ण उपाय है।

अवलोकन–दी गई विधि के अनुसार जीवन रक्षक घोल तैयार करते हैं।

परिणाम–ओ.आर.एस. घोल प्रयोग के लिए तैयार है।

सावधानियाँ

(1) उपयोग किए जाने वाले बर्तन साफ-सुथरे होने चाहिए।

(2) उबालकर ठंडा किया गया पानी ही घोल बनाने के लिए प्रयोग करना चाहिए।

महत्त्वपूर्ण बिंदु

(1) दस्त व उल्टी के मामलों में ओ.आर.एस. घोल का प्रयोग किया जाना चाहिए।

(2) इसके प्रयोग से निर्जलीकरण (डीहाइड्रेशन) के कारण होने वाली मृत्यु से बचा जा सकता है।

ओ.आर.एस. पैकेट के तत्त्वों का अवलोकन करते हैं (सोडियम क्लोराइड–3.5 ग्राम, सोडियम साईट्रेड–2.9 ग्राम, पोटाशियम क्लोराइड–1.5, ग्लूकोज–20 ग्राम) तथा पूरे पाउडर को 1 लीटर पानी में मिलाते हैं।

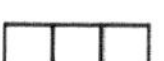

डूबने की आपातकालीन स्थिति में प्राथमिक उपचार प्रबंधन

उद्देश्य–डूबने वाले पीड़ित व्यक्ति को प्राथमिक उपचार उपलब्ध करवाना।

आवश्यक सामग्री–कृत्रिम श्वसन के लिए चटाई या दरी, साबुन, पानी, कपड़े व तौलिया।

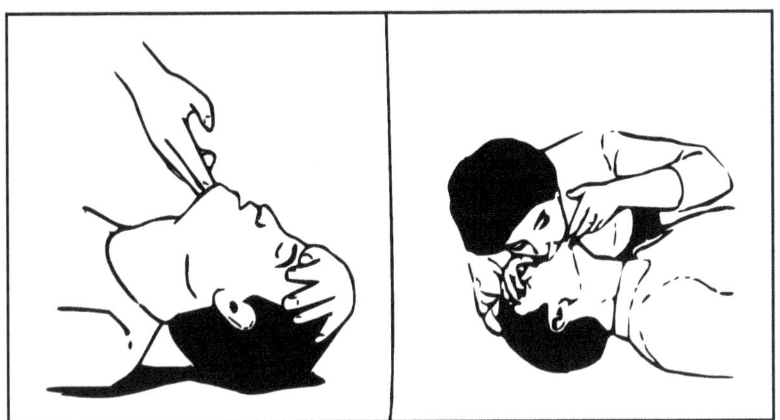

मुँह से मुँह की श्वसन प्रक्रिया

विधि

(1) पानी से बाहर निकाले गए व्यक्ति को सबसे पहले समतल भूमि पर लिटाते हैं।

(2) उसके नाक और मुँह की जाँच करते हैं और यह सुनिश्चित करते हैं कि उसमें किसी प्रकार की मिट्टी, पानी या कोई और वस्तु नहीं है, ताकि कृत्रिम श्वसन (artificial respiration) प्रक्रिया आरंभ की जा सके।

(3) अब व्यक्ति के चेहरे को एक ओर घुमाकर उसके पेट पर अपने हाथों से दबाव डालते हैं ताकि फेफड़ों से सारा पानी मुँह और नाक के रास्ते बाहर आ जाए।

(4) उसके शरीर से पानी बाहर निकलने के पश्चात् उसके चेहरे को सीधा करके ऊपर की ओर उठाते हैं और उसका मुँह खोलकर उसके ऊपर रुमाल रखते हैं तथा मुँह से मुँह

(mouth to mouth) की श्वसन प्रक्रिया आरंभ करते हैं। मुँह ऊपर इसलिए उठाते हैं कि आमाशय में हवा न जाए तथा मुँह पर रुमाल इसलिए ढकते हैं ताकि सूक्ष्मजीव शरीर में प्रवेश न कर सकें।

(5) मुँह से मुँह की श्वसन प्रक्रिया एक मिनट में लगभग 15 बार की जाती है।

(6) यह प्रक्रिया तब तक जारी रखते हैं जब तक कि व्यक्ति सामान्य रूप से श्वास न लेने लग जाए।

(7) डूबने की स्थिति में पीड़ित व्यक्ति की श्वसन प्रक्रिया प्रभावित हो जाती है। ऐसी स्थिति में मुँह से मुँह की श्वसन प्रक्रिया फेफड़ों को फुलाती व संकुचित करती है और जीवन रक्षक ऑक्सीजन उपलब्ध कराती है।

अवलोकन–अभ्यास के लिए अपने सहपाठी के साथ मुँह से मुँह की श्वसन (कृत्रिम श्वसन) प्रक्रिया का अभ्यास करते हैं।

परिणाम–मुँह से मुँह की श्वसन प्रक्रिया दिए जाने के पश्चात् सामान्य श्वास आरंभ हो जाती है तथा व्यक्ति की त्वचा का रंग भी सामान्य हो जाता है।

सावधानियाँ

(1) मुँह से मुँह की श्वसन प्रक्रिया एक मिनट में 15 बार की जानी चाहिए।

(2) यह प्रक्रिया तब तक जारी रखनी चाहिए, जब तक कि व्यक्ति सामान्य रूप से श्वास न लेने लग जाए।

फ्रैक्चर होने पर प्राथमिक उपचार प्रबंधन

उद्देश्य–फ्रैक्चर होने पर प्राथमिक उपचार का तरीका सीखना।

आवश्यक सामग्री

(1) विभिन्न प्रकार की खपच्चियाँ (स्प्लिंट्स) (खपच्ची के अभाव में कार्ड बोर्ड (गत्ते) के टुकड़े, पेड़ की टहनियों, बाँस के टुकड़ों आदि का प्रयोग किया जा सकता है)। विभिन्न आकार के बैंडेज, तीन या चार त्रिकोणीय बैंडेज व रुई।

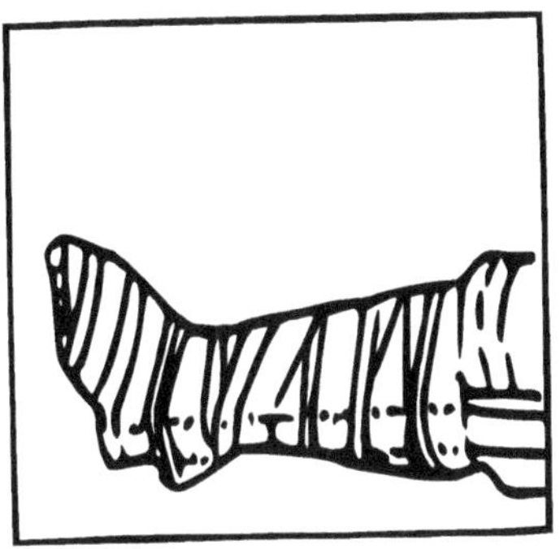

चित्र 5.1: स्प्लिंट व त्रिकोणीय बैंडेज से प्रभावित भाग को स्थिर बनाना

फ्रैक्चर की जाँच करने के लिए सबसे पहले रोगी को समतल जमीन पर लिटा देते हैं, उसकी जाँच करते हैं। यह देखते हैं कि कहीं कोई बाहरी चोट तो नहीं लगी है, कहीं रक्त तो नहीं निकल रहा है या चोट पर कोई बाहरी वस्तु तो नहीं लगी है। यदि चोट पर कोई बाहरी वस्तु लगी हुई हो तो सावधानी से एवं चोट को प्रभावित किए बिना धीरे से उसे बाहर निकाल देते हैं।

(2) यदि चोट से खून निकल रहा है तो उस पर गॉज तथा रुई लगा देते हैं और फिर कसकर पट्टी बाँध देते हैं जो प्रेशर बैंडेज का कार्य करेगी और इससे रक्त का बहाव रुक जाएगा।

(3) यदि संभव हो सके तो फ्रैक्चर वाले भाग को बाँधने एवं निष्क्रिय करने से पूर्व, हड्डी के टूटे हुए भाग को अपनी वास्तविक स्थिति में लाने का प्रयास करते हैं और तत्पश्चात् उसे बाँधते हैं। यदि टूटी हुई हड्डी को अपनी वास्तविक स्थिति में लाने में किसी प्रकार की कठिनाई हो रही हो तो उसे यथावत् स्थिति में ही लकड़ी के साथ बाँध देते हैं।

(4) लकड़ी के टुकड़े (Splint) को शरीर के प्रभावित भाग पर इस प्रकार बाँधते हैं कि फ्रैक्चर वाले भागों में हलचल न हो। लकड़ी के टुकड़े को बाँधने के लिए त्रिकोणीय बैंडेज का प्रयोग किया जाता है। इसमें 3 से 4 (बैंडेजों) का प्रयोग होता है।

(5) इसके पश्चात् पीड़ित व्यक्ति को बिना देरी किए अस्पताल पहुँचाते हैं, क्योंकि देरी होने पर अनेक प्रकार की जटिलताएँ उत्पन्न होने लगती हैं।

अवलोकन–अपने मित्र/सहपाठी के साथ इस प्रक्रिया का अभ्यास करते हैं और उसका अवलोकन करते हैं।

परिणाम–पीड़ित व्यक्ति के प्रभावित भाग को निष्क्रिय करने के पश्चात् पीड़ित व्यक्ति को आगे के उपचार के लिए आसानी से अस्पताल ले जाया जा सकता है।

सावधानियाँ

(1) देखा जाता है कि फ्रैक्चर के आस-पास किसी प्रकार का रक्त रिसाव तो नहीं हो रहा है।

(2) फ्रैक्चर वाली हड्डी के कारण शरीर के किसी अन्य भाग पर होने वाली चोट का पता लगाया जाता है।

(3) फ्रैक्चर वाले भाग पर स्प्लिंट लगाने से पीड़ा कम होती है। अतः खपच्ची लगाकर पीड़ित व्यक्ति को बिना पीड़ा के अस्पताल ले जाया जा सकता है तथा नसों, रक्तवाहिकाओं तथा आंतरिक अंगों को आंतरिक हानि से बचाया जा सकता है।

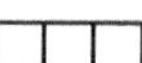

नाक से रक्त आने पर प्राथमिक उपचार प्रबंधन

उद्देश्य—पीड़ित व्यक्ति के नाक से अत्यधिक रक्त के प्रवाह को रोकने में सहायता करना।

आवश्यक सामग्री—नाक से निकलने वाले रक्त को एकत्र करने के लिए एक बर्तन/बाउल ताकि रक्त की हानि का सही अनुमान लगाया जा सके, गॉज, पानी से भरा पात्र, बर्फ के टुकड़े, मुलायम कपड़ा।

विधि

(1) पीड़ित व्यक्ति को बैठने को कहते हैं तथा उसका सिर आगे की ओर नीचे को झुकाते हैं।

(2) उसकी नाक के नीचे एक बाउल रखते हुए रक्त की बूँदों को उसमें एकत्र करते हैं ताकि रक्त की हानि का सही अनुमान लगाया जा सके।

(3) नक्सिका अस्थि के ठीक नीचे नाक को जोर से दबाते हैं।

(4) माथे के ऊपर ठंडी पट्टी रखते हैं।

(5) यदि अब भी रक्त का निकलना बंद नहीं होता है तो पट्टी का एक रोल बनाकर उसे नाक के भीतर यथासंभव अंदर तक डालते हैं और उसे कम से कम 2 घंटे तक वहीं रखते हैं ताकि उससे दबाव बन सके और रक्त का बहाव बंद हो जाए।

(6) यदि फिर भी रक्त निकलना बंद नहीं होता है तो व्यक्ति को तत्काल अस्पताल ले जाते हैं।

अवलोकन

(1) नियमित अंतरालों में रोगी के प्रमुख लक्षणों का अवलोकन करते हैं।

(2) रोगी की जाँच करने के लिए नाक से निकली हुई रक्त की बूँदों को संरक्षित रखते हैं।

परिणाम—इस प्रकार का उपचार करने पर रोगी की नाक से रक्त का बहाव रुक जाता है या कम हो जाता है और वह आरामदायक स्थिति में आ जाता है।

सावधानियाँ

(1) पीड़ित व्यक्ति का सिर आगे की ओर नीचे को झुकाया जाना चाहिए।

(2) पीड़ित व्यक्ति को अस्पताल अवश्य ले जाना चाहिए।

जी.पी.एच. की पुस्तकों का मुख्य उद्देश्य ज्ञान के साथ-साथ अच्छे नम्बर दिलाना है।

कुत्ते के काटने का प्राथमिक उपचार

उद्देश्य–कुत्ते के काटने से पीड़ित व्यक्ति का प्राथमिक उपचार करना सीखना।

आवश्यक सामग्री

(1) साफ पानी से भरा जग या बहते हुए पानी का नल।

(2) एंटीसेप्टिक साबुन जैसे–कार्बोलिक, नीम या डिटॉल।

(3) एंटीसेप्टिक जैसे–सेवलॉन या डिटॉल।

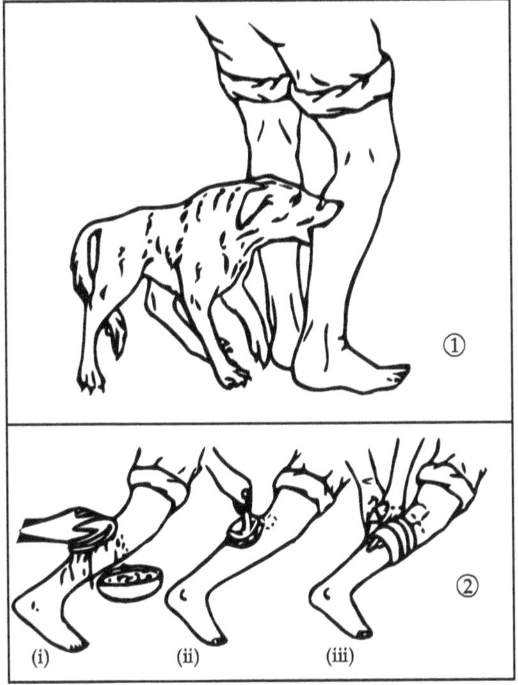

चित्र 7.1: कुत्ते का काटना व इसका तत्काल उपचार

विधि

(1) रोगी को बैठने या लेटने को कहते हैं।

(2) काटे हुए भाग को पानी एवं साबुन से साफ करते हैं। काटते समय कुत्ते का लार (saliva) आस-पास लग गया होगा, इसलिए काटे हुए भाग के आस-पास भी साफ करते हैं। धोने एवं साफ करने से चोट पर तथा उसके आस-पास के क्षेत्र पर लगे कीटाणु साफ हो जाएँगे और शरीर में प्रवेश नहीं कर पाएँगे।

(3) यदि काटे गए स्थान से खून निकल रहा है तो उस स्थान को दबाकर खून को रोकते हैं और चोट के स्थान पर कुछ एंटिसेप्टिक जैसे सेवलॉन आदि लगाते हैं।

(4) इसके बाद रेबीज (Rabies) के उपचार के लिए रोगी को अस्पताल ले जाते हैं।

(5) टिटनेस टॉक्साइड का टीका लगवाते हैं।

अवलोकन–यह सुनिश्चित करते हैं कि काटे हुए भाग से लार हट गई है।

परिणाम–साबुन और पानी से कटे भाग को साफ करने से शरीर में कीटाणु के प्रवेश की संभावना कम हो जाती है तथा रेबीज से बचाव में मदद मिलती है।

सावधानियाँ

(1) काटे हुए भाग पर लाल मिर्च कभी-भी नहीं लगानी चाहिए।

(2) उस स्थान को साबुन और पानी से अवश्य धोना चाहिए।

(3) चोट पर बैंडेज कभी नहीं लगानी चाहिए क्योंकि बंद घाव में वायरस बढ़ जाते हैं।

महत्त्वपूर्ण बिंदु

(1) चोट को धोना कुत्ते के काटने का एक प्राथमिक उपचार है।

(2) इसके बाद रेबीज-रोधी टीका लगाने के लिए रोगी को अस्पताल ले जाते हैं।

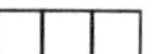

अम्बू बैग का प्रयोग

उद्देश्य–श्वास संबंधी समस्या से पीड़ित रोगी में अम्बू बैग का प्रयोग करना।

आवश्यक सामग्री

(1) अम्बू बैग

(2) गॉज या रुई

(3) तौलिया, टिशू पेपर

चित्र 8.1: अम्बू बैग द्वारा कृत्रिम श्वसन तथा वक्ष संपीड़न

जब कभी श्वसन संबंधी समस्या उत्पन्न होती है तो अम्बू बैग का प्रयोग काफी प्रभावी सिद्ध होता है। इसकी सहायता से कृत्रिम श्वसन उत्पन्न किया जा सकता है। इसे ऑक्सीजन के ट्यूब के साथ भी जोड़ा जा सकता है, ताकि वायु के साथ-साथ ऑक्सीजन भी सीधी फेफड़ों तक पहुँच सके।

विधि

(1) मुँह तथा नाक से निकलने वाली किसी प्रकार की लार (स्लाइवा) को गॉज/रुई/टिशू पेपर से साफ करते हैं।

(2) मुँह पर अपरेचस के रबड़ बैलून के माउथपीस को लगाते हैं व पंप करना आरंभ करते हैं। इससे वायु सीधे फेफड़ों तक पंप हो जाएगी। वायु के भीतर जाने से फेफड़े फूल जाएँगे और जब बल के साथ दबाव डाला जाएगा तो वायु बाहर निकल आएगी। इस प्रक्रिया में लगभग

4 सेकेंड का समय लगता है। सामान्य श्वसन आरंभ होने तक इस प्रकम को प्रति मिनट 15 के हिसाब से जारी रखते हैं।

(3) यदि ऑक्सीजन उपलब्ध है तो अम्बू बैग के ऑक्सीजन नोजल के साथ ऑक्सीजन ट्यूब को भी जोड़ लेते हैं जिससे रक्त को सीधे ऑक्सीजन मिलने में मदद मिलेगी।

अवलोकन–इससे श्वसन समस्या वाले रोगी को प्रभावपूर्ण रूप से राहत प्राप्त होती है क्योंकि वायु प्रत्यक्ष रूप से फेफड़ों तक प्रवाहित होगी।

परिणाम–अम्बू बैग के प्रयोग से रोगी सामान्य रूप से श्वसन प्रारंभ कर देता है।

सावधानियाँ

(1) अम्बू बैग का प्रयोग आरंभ करने से पहले रोगी के मुँह व नाक से निकलने वाली लार को अच्छी तरह से साफ कर लेना चाहिए।

(2) रोगी को शीघ्र अस्पताल पहुँचाने की व्यवस्था करनी चाहिए।

महत्त्वपूर्ण बिंदु

(1) अम्बू बैग से रोगी की जीवन रक्षा की उम्मीद बढ़ जाती है। इसलिए एम्बूलैंस तथा अस्पतालों में रखा जाने वाला तथा आपातकालीन परिस्थितियों में प्रयोग किया जाने वाला यह एक अत्यंत आवश्यक उपकरण है।

(2) रोगी के चेहरे व होठों के सामान्य रंग के वापस आने तथा सामान्य श्वसन से इस बात का पता चल जाता है कि रोगी में सुधार आ रहा है।

आपातकालीन स्थिति में बाह्य हृदय मसाज

उद्देश्य–पीड़ित व्यक्ति को आपातकालीन स्थिति में बाह्य हृदय मसाज देना।

आवश्यक सामग्री–इस क्रिया में किसी विशेष उपकरण की आवश्यकता नहीं होती। इसमें प्राथमिक उपचारकर्त्ता केवल बाहरी हृदय मसाज करता है।

> जब कभी दिल की धड़कन रुक जाती है तो तत्काल बाह्य हृदय मसाज (External Cardiac Massage) दिया जाता है ताकि धड़कन पुन: आरंभ हो सके।

विधि

(1) रोगी के एक ओर बैठकर अपने सीधे हाथ की हथेली के रेडियल साइड से स्टरनम (sternum) के मध्य झटका देते हैं और उस झटके के पश्चात् सामान्यत: दिल की धड़कन आरंभ हो जाती है।

(2) यदि ऐसा करने पर भी दिल की धड़कन आरंभ नहीं होती है तो बाह्य हृदय मसाज देते हैं।

(3) बाह्य हृदय मसाज हेतु घुटने मोड़कर रोगी के पास एक तरफ बैठ जाते हैं, फिर हृदय मसाज देने के लिए अपने दोनों हाथ एक के ऊपर एक रखकर रोगी के हृदय के ऊपरी वक्ष पर रखते हैं और अपने शरीर का भार डालते हुए दबाव डालते हैं। इसमें लगभग 2 सेकेंड का समय लगता है।

(4) अब 2 सेकेंड के लिए दबाव डालना छोड़ देते हैं। इस पूरे चक्र में 4 सेकेंड का समय लगता है।

(5) इस प्रक्रिया को तब तक जारी रखते हैं, जब तक कि रोगी के दिल की धड़कन सामान्य न हो जाए।

अवलोकन–हृदय मसाज के बाद दिल की धड़कन तथा नब्ज आरंभ हो जाती है और शरीर का रंग सामान्य हो जाता है, इससे इस बात का पता चलता है कि रोगी में सुधार आ रहा है।

परिणाम–आपातकालीन स्थिति में बाह्य हृदय मसाज देने से रोगी के दिल की धड़कन सामान्य हो जाती है।

सावधानियाँ

(1) यह एक जीवन रक्षक उपाय है। इसे 3 मिनट के भीतर ही आरंभ किया जाना चाहिए, अन्यथा मस्तिष्क में स्थायी हानि हो सकती है।

(2) आगे के उपचार के लिए रोगी को तुरंत अस्पताल भेजना चाहिए।

जी.पी.एच. की पुस्तकों का मुख्य उद्देश्य ज्ञान के साथ-साथ अच्छे नम्बर दिलाना है।

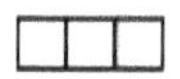

रोगी की नाड़ी स्पंदन दर की जाँच

उद्देश्य–रोगी की नाड़ी स्पंदन दर की जाँच करना।

आवश्यक सामग्री–नाड़ी स्पंदन दर को रिकॉर्ड करने के लिए एक पेपर और पेंसिल तथा स्पंदन को गिनने के लिए एक घड़ी (जिसमें सेकेंड की सुई हो)।

नाड़ी-स्पंदन–नाड़ी-स्पंदन दिल धड़कने की दर है। यह प्रति मिनट नाड़ी के धड़कने की संख्या है। सामान्य नाड़ी-स्पंदन दर प्रति मिनट 70 से 80 होती है।

आवर्तन (Rhythm)–यह दिल धड़कने की सतत् प्रक्रिया है। सामान्यत: नाड़ी-स्पंदन का आवर्तन अनियमित होता है तथा स्पंदन एकसमान होता है।

मात्रा (Volume)

(1) यह एक बल (force) है जिसका तात्पर्य धड़कन की शक्ति तथा धमनी की परिपूर्णता से है।

(2) नाड़ी-स्पंदन की जाँच सामान्यत: तापमान को मापते समय की जाती है। इसकी आवृत्ति का निर्धारण रोगी की स्थिति (आयु, तापमान, लिंग, अन्य) के आधार पर किया जाता है।

आयु के अनुसार नाड़ी-स्पंदन भिन्न होता है–

नवजात शिशु	**–130-130**
1 वर्ष	– 115-130
2 वर्ष	– 100-115
3 वर्ष	– 90-100
4 वर्ष से 10 वर्ष	– 80-90
10 वर्ष और अधिक	– 70-80
वृद्धावस्था	– 60-70

नाड़ी-स्पंदन में भिन्नता लाने वाले कारक

आयु	–	आयु बढ़ने के साथ नाड़ी-स्पंदन दर कम हो जाती है।

लिंग	–	महिलाओं की नाड़ी-स्पंदन दर पुरुषों की तुलना में कुछ अधिक होती है।
तापमान से संबंध	–	तापमान से नाड़ी-स्पंदन दर में वृद्धि होती है।
तनाव	–	उत्तेजना, भय, उत्सुकता, तनाव आदि स्पंदन दर को बढ़ा देते हैं।
रक्त की मात्रा	–	रक्त के बहने या किसी अन्य कारण से रक्त की मात्रा में कमी के कारण स्पंदन दर में वृद्धि होती है।
दवा का प्रभाव	–	कुछ दवाओं का सेवन करने से भी नाड़ी-स्पंदन दर में वृद्धि या कमी होती है।
शारीरिक क्रियाएँ	–	व्यायाम एवं शारीरिक क्रियाएँ स्पंदन दर को बढ़ा देती हैं।

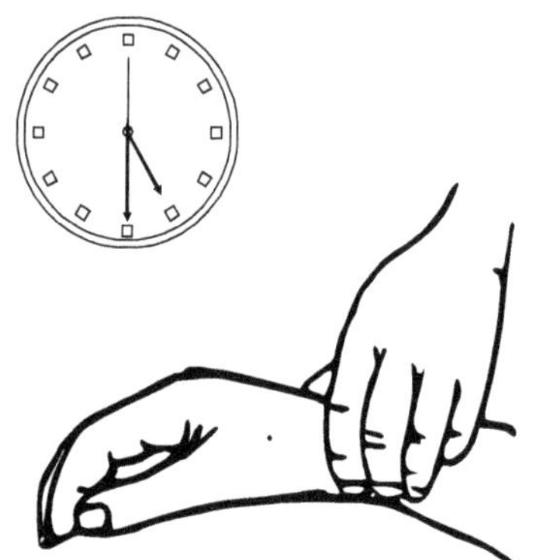

चित्र 10.1: प्रथम दो उंगलियों के सिरों का प्रयोग करके नाड़ी स्पंदन की जाँच

विधि

(1) सबसे पहले यह सुनिश्चित करते हैं कि रोगी आराम की स्थिति (relaxed) में हो।

(2) रोगी को इसकी विधि से अवगत कराते हैं तथा उसे शांत रहने को कहते हैं।

(3) बहि: प्रकोष्ठीय नाड़ी रेडियल अस्थि के निचले छोर पर होती है जो अरीय खाँचे (Radial Groove) में कलाई के जोड़ के ठीक ऊपर होती है।

(4) नाड़ी स्पंदन दर की जाँच हेतु ऊपर वर्णित शारीरिक भाग का चयन करते हैं।

(5) अपनी तर्जनी, मध्यमा तथा अनामिका उंगलियों के सिरों का प्रयोग करते हैं क्योंकि नाड़ी स्पंदन को महसूस करने के लिए ये सर्वाधिक संवेदनशील भाग हैं।

(6) इस बात का ध्यान रखते हैं कि ज्यादा दबाव न पड़े।

(7) नाड़ी स्पंदन दर, आवर्तन, मात्रा तथा तनाव की जाँच करते हैं।

(8) तत्काल स्पंदन की दर को चार्ट में रिकॉर्ड करते हैं।

अवलोकन

(1) किन्हीं पाँच व्यक्तियों की नाड़ी स्पंदन दर की जाँच करते हैं व उसका रिकॉर्ड तैयार करते हैं।

(2) नाड़ी स्पंदन को एक मिनट के लिए गिनते हैं।

परिणाम

उदाहरण

व्यक्ति	नाड़ी स्पंदन दर
पहला व्यक्ति (10 वर्ष)	70-80
दूसरा व्यक्ति (वृद्ध)	70-80
तीसरा व्यक्ति (3 वर्ष)	90-100
चौथा व्यक्ति (40 वर्ष)	60-70
पाँचवाँ व्यक्ति (2 वर्ष)	115-120

परिणाम–पहले, तीसरे और चौथे व्यक्ति की नाड़ी दर सामान्य है, जबकि दूसरे एवं पाँचवें व्यक्ति की नाड़ी दर असामान्य है।

सावधानियाँ

(1) प्रयोग से पहले व बाद में हाथ अच्छी तरह धोने चाहिए।

(2) नाड़ी स्पंदन (Pulse) को तर्जनी, मध्यमा तथा अनामिका उंगलियों से महसूस करना चाहिए।

(3) नाड़ी स्पंदन पूरे एक मिनट के लिए नोट करना चाहिए।

(4) सामान्य नाड़ी स्पंदन दर (Pulse Rate) प्रति मिनट 72 होती है। इसमें किसी प्रकार का परिवर्तन असामान्यता को दर्शाता है।

(5) नाड़ी स्पंदन में कोई परिवर्तन/असामान्यता महसूस होने पर डॉक्टर को तुरंत सूचित करना चाहिए।

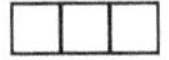

GPH BOOK
Gullybaba Publishing House (P) Ltd.
ISO 9001 & ISO 14001 CERTIFIED CO.
Offering
GPH BOOKS
Help Books
that are unparallel in quality for
IGNOU & NIOS
& Other Universities
VISIT:
GullyBaba.com

रक्तचाप की जाँच

उद्देश्य–व्यक्ति के रक्तचाप (BP) को मापना।

आवश्यक सामग्री–रक्तचाप मापी यंत्र, स्टेथोस्कोप तथा हाथों को धोने के लिए साबुन, पानी, तौलिया आदि।

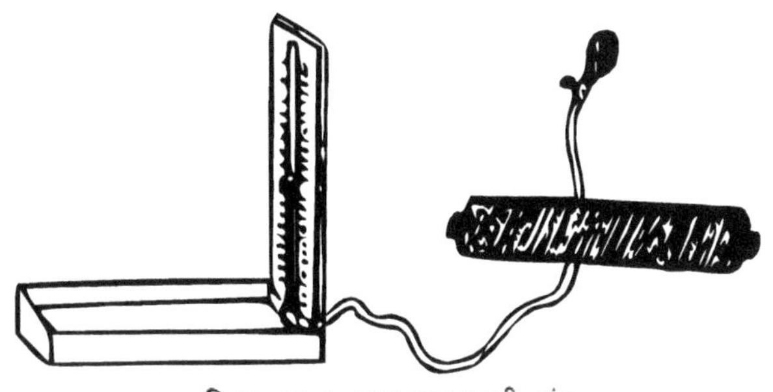

चित्र 11.1: रक्तचाप मापी यंत्र

रक्तचाप (Blood Pressure) वह बल या दबाव है जो रक्त वाहिनियों (Blood Vessels) की भित्तियों पर रक्त के संचरण (circulation) से पड़ता है। यह प्रकुंचक (systolic) तथा संकुचन (diastolic) दबाव के रूप में रिकॉर्ड किया जाता है। इसे मर्करी के मिलीमीटर (mm of Hg) में अभिव्यक्त किया जाता है। एक स्वस्थ वयस्क व्यक्ति का रक्तचाप 120/80 (mm of Hg) होता है।

विधि

(1) सर्वप्रथम अपने हाथों को अच्छी तरह धोते हैं।

(2) व्यक्ति/रोगी को इस प्रक्रिया से अवगत कराते हैं।

(3) रोगी को शांत व आरामदायक स्थिति में लाते हैं।

(4) अपस्फीत कफ (deflated cuff) को रोगी की कोहनी से लगभग 2 से 3 सेमी. ऊपर बाँह में सुगमता व समान रूप से लपेट लेते हैं जिसमें से दो ट्यूब रोगी के हाथ की ओर निकली हुई रहती हैं।

(5) यह सुनिश्चित करते हैं कि रोगी की बाँह उसके हृदय के स्तर पर हो। बाँह को टेबल या तकिए का सहारा दिया जा सकता है। रोगी को लेटी हुई या बैठी हुई अवस्था में रखा जा सकता है।

(6) रक्तचाप उपकरण के रबड़ बल्ब की स्क्रू को कसते हैं।

(7) मेनोमीटर को उर्ध्वास्थिा (vertically) में अपनी आँखों के स्तर तक लाते हैं।

(8) अपनी उंगलियों के सिरों का प्रयोग करते हुए बाहु धमनी (ब्रेकियल धमनी) का पता लगाते हैं। स्टेथोस्कोप के इयरपीस को अपने कानों में लगाते हैं। स्टेथोस्कोप के डायाफ्रॉम को धीरे व सुदृढ़ता से खोजी गई धमनी के ऊपर रखते हैं।

(9) रेचन वाल्व (Exhaust Valve) को बंद करते हैं, कफ को फुलाते हैं, कफ के फूल जाने के पश्चात् नाड़ी-स्पंदन को न ही उंगली से महसूस किया जा सकता है और न ही स्टेथोस्कोप से सुना जा सकता है।

(10) इसका अर्थ है कि अब कफ का दबाव धमनी के दबाव से अधिक है।

(11) वाल्व को धीरे से खोलते हुए कफ के दबाव को छोड़ते हैं और साथ ही मेनोमीटर में मर्करी के स्तर को भी देखते हैं।

(12) जब रक्त धमनी में प्रवाहित होने लगेगा तो धड़कनों की ध्वनि (पहले झटकेदार ध्वनि) सुनाई देगी। पहली धड़कन को सुनते समय मर्करी कॉलम पर आने वाली रीडिंग को नोट करते हैं। यह सिस्टोलिक रक्तचाप (Systolic Blood Pressure) है।

(13) आगे, दबाव को धीरे-धीरे व निरंतर तब तक छोड़ते रहते हैं, जब तक स्टेथोस्कोप में धमनी के भीतर ध्वनि होना बंद न हो जाए। इस स्तर पर मर्करी के कॉलम को नोट करते हैं। यह डायस्टोलिक रक्तचाप (Diastolic Blood Pressure) है।

(14) कफ को पूर्णत: अपस्फीत कर लेते हैं तथा रोगी की बाँह से इसे निकाल लेते हैं। इसे वापस इसके स्थान पर रख देते हैं।

(15) रोगी को आरामदायक स्थिति में लाते हैं।

(16) रोगी के रिकॉर्ड में रक्तचाप को रिकॉर्ड कर लेते हैं।

(17) इस प्रक्रिया के पश्चात् अपने हाथों को धो लेते हैं।

अवलोकन

किन्हीं दो व्यक्तियों के सिस्टोलिक व डायस्टोलिक रक्तचाप की ध्यान से जाँच करते हैं व उन्हें रिकॉर्ड कर लेते हैं।

परिणाम–पहले रोगी का रक्तचाप (Blood Pressure) 120/80 mm Hg है, जो कि साधारण है। यह व्यक्ति की स्वस्थता को दर्शाता है। दूसरे रोगी का रक्तचाप 140/90 है जो कि उच्च रक्तचाप को दर्शाता है। इसका तात्पर्य है कि व्यक्ति पूरी तरह स्वस्थ नहीं है।

सावधानियाँ

(1) रक्तचाप मापने वाला यंत्र सही रीडिंग देना चाहिए।

(2) कफ से पहले सारी हवा निकाल लेनी चाहिए ताकि गलत रीडिंग प्राप्त न हो। कफ मुड़ा हुआ भी नहीं होना चाहिए क्योंकि मुड़े हुए कफ से असमान दबाव प्राप्त होता है।

(3) यदि रोगी के हाथ से रक्त बह रहा है या रक्त की आपूर्ति में किसी प्रकार का अवरोध है तो रक्तचाप रिकॉर्ड नहीं करना चाहिए।

(4) भोजन या किसी क्रिया के तत्काल पश्चात् रक्तचाप नहीं मापना चाहिए।

(5) यदि रोगी डायलिसिस पर है तो उसकी उस बाँह से रक्तचाप नहीं लेना चाहिए, जिसमें हीमोडायलिसिस शीट लगी है।

चिकित्सक पर्ची (प्रिस्क्रिप्शन) के संकेतों की पहचान

उद्देश्य–चिकित्सक द्वारा दी गई पर्ची (प्रिस्क्रिप्शन) पर लिखे संकेतों को समझना।

आवश्यक सामग्री–पर्ची (प्रिस्क्रिप्शन), दवा का पत्ता, पीने की दवा (सिरप)।

विधि–चिकित्सक द्वारा दी गई पर्ची को ध्यान से पढ़ते हुए दवा के नाम के साथ लिखे संकेतों को भी ध्यान से पढ़ते हैं।

जैसे–

OD	–	दिन में एक बार
BD	–	दिन में दो बार
TDSE	–	दिन में तीन बार
QDE	–	दिन में चार बार
HS	–	रात में सोने से पहले
SOS	–	केवल जरूरत पड़ने पर

अवलोकन–चिकित्सक द्वारा लिखी पाँच पर्चियों में दिए गए संकेतों के अर्थ अपनी अभ्यास पुस्तिका में लिखते हैं।

परिणाम–डॉक्टर द्वारा लिखे गए संकेतों को पहचानने एवं पर्ची को पढ़कर अच्छी तरह समझने में मदद मिलती है।

सावधानियाँ

(1) चिकित्सक द्वारा लिखे संकेतों के अनुसार ही दवा का सेवन करना चाहिए।

(2) लिखी गई मात्रा से कम दवा लेने से रोगी को पर्याप्त आराम नहीं मिल पाता है और लिखी गई मात्रा से अधिक दवा लेने से औषधि प्रतिक्रिया (reaction) का खतरा बढ़ सकता है। अत: दवा की मात्रा पर्ची (प्रिस्क्रिप्शन) के अनुसार ही लेनी चाहिए।

□□□

कान में बाहरी वस्तु के घुस जाने पर प्राथमिक उपचार

उद्देश्य–कान में किसी चीज जैसे अनाज दाना, कीड़ा आदि को बाहर निकालने के लिए पीड़ित व्यक्ति के प्राथमिक उपचार का तरीका सीखना।

आवश्यक सामग्री–टॉर्च, नारियल या सरसों का तेल।

विधि

(1) कान में अनाज दाना, कीड़ा आदि घुस जाने पर व्यक्ति के कान में अत्यधिक पीड़ा होती है। उस व्यक्ति को चक्कर आने लगते हैं और सुनाई भी कम देता है। अतः तुरंत कीड़े को निकालने का प्रयास करते हैं।

(2) कान में टॉर्च की तेज रोशनी डालने पर भी जीवित कीड़ा बाहर आ सकता है।

(3) कान में गुनगुना नारियल या सरसों का तेल डालने से कीड़ा मरकर बाहर आ सकता है।

(4) बाहरी (बाह्य) कान को खींचकर पीड़ित के लिसर को नीचे की ओर करते हैं जिससे कान में घुसी वस्तु (अनाज दाना आदि) बाहर आ जाए।

(5) यदि कान में कोई कीड़ा घुसा हो तो वह भी इस प्रक्रिया से बाहर आ जाता है या मर सकता है।

अवलोकन–टॉर्च की सहायता से अपने दो सहपाठियों/व्यक्तियों के कान की जाँच करते हैं।

परिणाम–कान से वस्तु व कीड़ा निकल जाने के पश्चात् व्यक्ति उस कान से सामान्य रूप से सुन सकता है व पीड़ा भी धीरे-धीरे समाप्त हो जाती है।

सावधानियाँ

(1) कान को तीली से साफ नहीं करना चाहिए।

(2) कान के भीतर कोई भी नुकीली वस्तु नहीं डालनी चाहिए।

(3) यदि वस्तु या कीट प्राथमिक चिकित्सा से न निकल पाए तथा वस्तु निकलने के पश्चात् भी कान का दर्द सामान्य न हो तो पीड़ित को तुरंत अस्पताल ले जाकर विशेषज्ञ चिकित्सक की सलाह लेनी चाहिए।

विद्यार्थीगण जी.पी.एच. की पुस्तकें क्यों चुनते हैं?

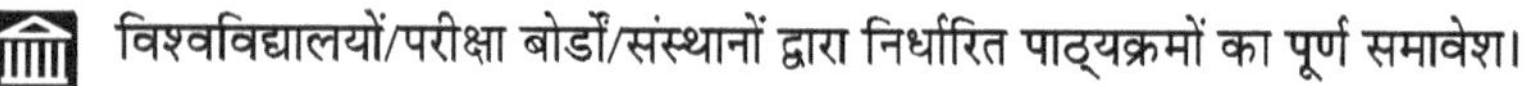
विश्वविद्यालयों/परीक्षा बोर्डों/संस्थानों द्वारा निर्धारित पाठ्यक्रमों का पूर्ण समावेश।

- आसानी से समझी जा सकने वाली भाषा तथा प्रारूप (फॉर्मेट) जिससे विद्यार्थियों को थोड़े समय में परीक्षा की तैयारी करने में सहायता मिलती है।
- हमारी पुस्तकें परीक्षा को ध्यान में रखकर प्रश्न–उत्तर शैली में तैयार की जाती हैं जिससे विद्यार्थीगण सही उत्तर को तुरंत समझ पाते हैं।
- पिछले वर्षों के प्रश्न–पत्रों को हल करके शामिल किया जाता है ताकि विद्यार्थीगण को परीक्षा के उस खास ढाँचे को समझने में सहायता मिल सके और वे परीक्षा की तैयारी बेहतर ढंग से कर सकें।
- दोनों छमाहियों (जून-दिसम्बर) के प्रश्न–पत्रों को हल करके पुस्तक में शामिल किया जाता है।
- आँकड़ों में जब भी कोई परिवर्तन होता है तो उसे अपडेट कर दिया जाता है।
- पुनरावृत्त (रिसाइकल किए गए) कागज का प्रयोग।
- सुविधाजनक आकार तथा उचित मूल्य।
- अपने सामाजिक दायित्वों के अनुरूप हम बेची गई प्रत्येक पुस्तक से समाज/संस्थाओं/एन.जी.ओ./वंचितों को सहयोग देते हैं।

भोजन विषाक्तता में प्राथमिक उपचार

उद्देश्य–भोजन विषाक्तता से पीड़ित रोगी को प्राथमिक चिकित्सा उपलब्ध करवाने में सक्षम होना।

आवश्यक सामग्री–डिब्बा बंद खाना, खुले में रखे भोज्य पदार्थ, स्वच्छ पानी, ओ.आर.एस. घोल, साबुन आदि।

भोजन विषाक्तता के मरीज की पहचान

(1) उल्टी, मतली या पेट फूल जाना।

(2) पतला पखाना।

(3) पखाने के साथ खून या म्यूकस आना।

(4) शरीर में जल की कमी।

(5) आँख से धुँधला दिखाई देना।

(6) नसों का कमजोर पड़ जाना।

(7) पेट में दर्द।

(8) निगलने में कठिनाई।

विधि

(1) भोजन विषाक्तता के मरीज के लिए तुरंत ओ.आर.एस. (ORS) उपलब्ध करवाते हैं और पिलाते हैं।

(2) भोजन विषाक्तता के अनेक कारण जैसे–बाहर खुले में रखा भोजन खाना, बिना हाथ धोए खाना, अस्वच्छता से भोजन पकाना आदि से अवगत करवाते हुए इनसे बचने का सुझाव देते हैं।

(3) मरीज को चिकित्सा उपलब्ध करवाते हैं।

अवलोकन

आस-पड़ोस के चार घरों का दौरा कर भोजन संबंधी स्वच्छता के मापदंडों की जाँच करते हैं।

परिणाम

पड़ोस के चार घरों का दौरा कर यह पाया गया कि एक परिवार में स्वच्छता का अत्यधिक ध्यान रखा जाता है तथा भोजन विषाक्तता से बचने के सभी मापदंडों का पालन किया जाता है। जबकि एक घर में साफ-सफाई का बिल्कुल ध्यान नहीं रखा जाता है व उस परिवार के लोग अक्सर बीमार रहते हैं। दो परिवारों से मिले-जुले परिणाम प्राप्त हुए। वहाँ सफाई ठीक-ठाक थी और परिवार के कुछ लोग इस मामले में जागरूक थे जबकि कुछ नहीं।

सावधानियाँ

(1) खाना पकाने व खाना खाने से पहले हाथों को अच्छी तरह से धोना चाहिए।

(2) खाना पकाने के लिए हमेशा स्वच्छ पानी का प्रयोग करना चाहिए।

(3) खाने की वस्तुओं व पीने के पानी को हमेशा ढक कर रखना चाहिए।

(4) फलों व सब्जियों को स्वच्छ पानी से अच्छी तरह धोने के बाद ही प्रयोग करना चाहिए।

(5) पानी को उबाल कर पीना चाहिए।

(6) फ्रिज में लंबे समय से रखे भोजन का सेवन नहीं करना चाहिए।

(7) प्राथमिक चिकित्सा के पश्चात् रोगी को तुरंत अस्पताल जाने की सलाह देनी चाहिए।

(8) बाजार में खुले में रखे भोज्य पदार्थों का सेवन नहीं करना चाहिए।

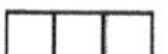

www.ingramcontent.com/pod-product-compliance
Ingram Content Group UK Ltd.
Pitfield, Milton Keynes, MK11 3LW, UK
UKHW021659190726
13853UKWH00001B/354